LA VIDA EN EL CAMPO UNIFICADO DE CONSCIENCIA

Exploraciones sobre la existencia humana,
la consciencia y la evolución vibratoria

LA VIDA EN EL CAMPO UNIFICADO DE CONSCIENCIA

Exploraciones sobre la existencia humana, la consciencia y la evolución vibratoria

KINGSLEY L. DENNIS

LOS COMENTARIOS DE ABE
VOL. I

LA SERIE EL CAMINO DE VUELTA A CASA

BEAUTIFUL TRAITOR BOOKS

Otros libros de Kingsley L. Dennis

Asalto a la realidad. Biopoder y la normalización del engaño

Apuntes de una cuarentena: Ensayos 2020

El Buscador Moderno: Una psicología perenne para los tiempos modernos

Los tiempos del bardo: hiperrealidad, alta velocidad, simulación, automatización, mutación, ¿un fraude?

El prodigioso faro de los deleites insólitos

Encuentros con Monroe

Romper el hechizo: una exploración de la percepción humana

¿Preparados para el cambio?

La casa del azafrán

La canción de las ciudadelas

El camino interior: Sentido y sacralidad en la vida moderna

Hilos de Oro: Palabras para cada día y cada corazón

Texto © 2022 Kingsley L. Dennis
Traducción © Fernando Alvarez-Ude y Carmen Liaño

Esta publicación no puede ser reproducida, ni en todo ni en parte, ni registrada en o transmitida por, un sistema de recuperación de información, en ninguna forma ni por ningún medio, sea mecánico, fotoquímico, electrónico, magnético, electroóptico, por fotocopia, o cualquier otro, sin el permiso previo por escrito de Beautiful Traitor Books.

Publicada por Beautiful Traitor Books
htpp://www.beautifultraitorbooks.com/

ISBN-13: 978-1-913816-42-1 (tapa blanda)

Primera publicación: 2022

Concepto de portada:
Kingsley L. Dennis & Ibolya Kapta

Diseño de portada: Ibolya Kapta

CONTENIDO

PREFACIO   1

NOTAS   5

    i) Contexto De La Conexión Con Abe   5
    ii) Sobre Las Comunicaciones De Abe   10
    iii) Sobre El Uso De Términos:
       Abe And Continuum   12

INTRODUCCIÓN   17

PRIMERA SECCIÓN   23
    – La puesta en escena

SEGUNDA SECCIÓN   45
    – Mente, cuerpo y espíritu

TERCERA SECCIÓN   69
    – Sociedad y cultura humanas

CUARTA SECCIÓN   87
    – Ciencia y tecnología

QUINTA SECCIÓN   107
    – Humanidad y su futuro

PREFACIO

En mi anterior libro –*UNIFIED: Cosmos, Life, Purpose – Communicating with the Unified Source Field & How This Can Guide Our Lives*–[1] presenté un cuerpo de comunicaciones recibido desde el Campo Unificado por mi amiga y colega Nicola Mortimer. Escribí este libro para brindar un contexto científico y filosófico a la hipótesis de que la humanidad podría estar en comunicación con la fuente de la consciencia pura de la cual emerge toda la materia (materialidad) y la vida. En la primera parte expuse mi razonamiento, respaldado por la investigación científica, para dar credibilidad a esta hipótesis. En la segunda parte del libro presenté los mensajes/comunicaciones. En la tercera parte, exploré algunas reflexiones filosóficas más amplias sobre lo que significa vivir en un campo interconectado de energía consciente. Sin embargo, en ningún momento he profundizado en los propios mensajes, sino que he preferido dejarlos intactos para que el lector haga sus propias especulaciones y obtenga sus propias reflexiones sin la intervención del autor. Entonces, una mañana cualquiera, cogí un ejemplar de UNIFIED que estaba en mi estantería y empecé a hojear algunos

---

1   N.T.: Libro no traducido al español (UNIFICADO: Cosmos, Vida, Propósito - Comunicarse con el Campo Unificado de la Fuente y cómo esto puede guiar nuestras vidas)

de los mensajes/comunicaciones de la segunda parte del libro. Sin planearlo, comencé a escribir algunos apuntes, inicialmente para mí, que pensé que explicarían –con mis propias palabras– parte del significado que se transmitía en los mensajes. Luego seguí escribiendo más, ya que parecía fluir sin esfuerzo. Pronto me di cuenta de que, de este modo, estaba logrando una mayor claridad para mí del material de Abe. Al volver a releer algunos de los mensajes de Abe, sentí que había una profundidad de conocimientos e ideas que merecían un mayor escrutinio y desarrollo. Un impulso inexpresado en mi interior me empujó a seguir adelante. Me pareció que lo correcto era dar voz a algunos de mis propios pensamientos y comprensiones como una forma de sacar a la luz una mayor profundidad del significado contenido en estas comunicaciones. Mientras escribía, sentí que la información dada en las comunicaciones Abe, tal como se llaman, era muy apropiada para estos momentos que estamos viviendo.

Algunas de las últimas comunicaciones de este volumen tratan el tema de la humanidad y su futuro. Se nos dice que la humanidad está ahora dentro de un período de replanteamiento de sus elecciones; es un período de reajuste, en el cual se vivirán algunas experiencias incómodas. Comparto una cita de las comunicaciones de Abe: «Serán incómodas, ya que todo reajuste lo es. Porque si has estado sentado en una determinada posición durante un tiempo, cuando cambias a otra resulta incómodo, ¿no es así?». Comento que el grado de malestar dependerá de lo apegados que estemos a nuestros viejos patrones y paradigmas, o de lo dispuestos que estemos a cambiar a un nuevo patrón de resonancia. Estos son los tiempos en los que nos encontramos. Por esta razón, y por otras más, creo que es importante compartir estos comentarios; en todo caso, han cobrado relevancia, al menos para mí. He tenido otros momentos de «¡ajá!» al escribir estos comentarios, como si hubiera adquirido un nivel más profundo de comprensión de lo que estas comunicaciones intentan transmitir. Hay conceptos y temas que debemos comprender: por ejemplo, que todo es vibración. Sí, sé que es fácil decir esto. Ciertas enseñanzas de autodesarrollo llevan décadas diciéndolo: pero ¿qué significa realmente? O mejor dicho, ¿qué utilidad práctica tiene para nosotros? Espero que estos comentarios puedan aportar algo de claridad a estas comprensiones, y a muchas más.

No deseo decir mucho más en este momento, ya que los siguientes comentarios deberían hablar por sí mismos. Sí debo decir que son mis interpretaciones de las comunicaciones de Abe, y solo mis interpretaciones. Comparto aquí lo que mi lectura del material ha suscitado en mi interior. No estoy diciendo que tenga razón; solo digo que esto es lo que sentí intuitivamente a partir de mis propias lecturas, y que deseaba compartirlo para que el lector hiciera sus propias reflexiones. Solamente puedo esperar que aporten algún beneficio y claridad a su comprensión, como lo hicieron para mí. Me gustaría pensar que estamos manteniendo una conversación entre nosotros y con nosotros mismos.

Kingsley L. Dennis
Enero 2022

NOTAS

i) CONTEXTO DE LA CONEXIÓN CON ABE

La primera vez que supe de Nicola fue cuando recibí un correo electrónico inesperado, en algún momento a principios de septiembre de 2018. Me escribió para decirme que había leído recientemente un artículo mío y que algo la impulsaba a ponerse en contacto. Nos escribimos sobre este tema y lentamente, y con cortesía, comenzamos a discutir temas y artículos similares. Como le dije a Nicola más tarde, siempre respondo a esos mensajes iniciales cuando la gente me escribe: forma parte de la gran red de contactos y acontecimientos inesperados. Luego pasamos a mensajearnos a través de las redes sociales y empezamos a relacionarnos de manera más informal. No tardamos mucho en descubrir que no solo habíamos nacido en la misma ciudad de Inglaterra, sino que habíamos crecido justo en la misma calle, literalmente, a un par de kilómetros de distancia. Se diría que teníamos un vínculo común.

Fue entonces cuando Nicola se aventuró a dar un paso más y me preguntó, con cierta timidez, qué pensaba de la vida después de la muerte y de la idea de que una parte de nosotros sigue viviendo indefinidamente. Digo tímidamente, porque Nicola no estaba segura de cómo iba a reaccionar. Le aseguré que mi mente no solo estaba muy abierta a esos conceptos, sino que había escrito bastante sobre temas como la consciencia colectiva y universal, el universo consciente y la realidad multidimensional. Esto pareció tranquilizarla. Y quizás también fue la razón por la cual Nicola se aventuró a dar un paso más: «Vas a pensar que soy rara o que estoy loca, o algo así... pero...». Y aquí vino el gran pero: había algo más que Nicola deseaba confiarme y compartir conmigo. Se trataba de una serie de comunicaciones que decía haber recibido. ¿Recibir? le pregunté. ¿Qué quieres decir con recibir? No, no eran comunicaciones por correo electrónico, sino de un «contacto» o «fuente» que Nicola podía escuchar en su interior. Me intrigó y le pedí que me contara más. Nicola era muy tímida en este sentido y dudaba en contar demasiado. Sospeché que temía que yo la considerara extraña o rara. Pero, lejos de eso, Nicola me parece una de las personas más sensatas que conozco. La animé a que me enviara parte del material, solo para echarle un vistazo. Le dije que lo miraría con la mente abierta.

En mis investigaciones y lecturas he encontrado varias comunicaciones publicadas sobre lo que se conoce genéricamente como «canalización» o «material canalizado». Estaba dispuesto a profundizar en ese material para ver qué información podía ofrecer. Así que di el audaz paso de aceptar leer algunas de estas «comunicaciones recibidas». Y Nicola dio el paso aún más audaz de enviármelas: abiertas las compuertas, las aguas se desbordaron, y no se puede retener lo que viene una vez que «se han roto aguas».

Recibí un correo electrónico con la primera de las comunicaciones recibidas. Fue entonces cuando me enteré de que Nicola había estado llamando al contacto ABE. Este era, según ella, el nombre que le habían dado (véase la nota siguiente). Para empezar, las dos primeras cosas de las que me di cuenta al leer el material inicial de ABE fue que, en primer lugar, todo era positivo: nada de alarmismo ni de mensajes catastrofistas o del tipo del fin del mundo; al contrario, todo era material positivo. Y, en segundo lugar, era de sentido común y con los pies en la tierra, como decimos nosotros. Fue un buen comienzo. Inmediatamente le pedí que me enviara más. Nicola seguía dudando y no parecía estar del todo segura de si yo estaba siendo sincero en ese momento o la estaba engatusando. Nicola me envió un material que consistía en una serie de preguntas y respuestas que había hecho unos años antes con una amiga suya. Luego, al parecer, Nicola había interrumpido el contacto. ¿Por qué? me pregunté. ¿Por qué Nicola no había continuado? le pregunté. «No sé, la verdad», fue su evasiva respuesta. Me dijo que las cosas iban bien, pero que quizás faltaba una dirección, una energía. Me pareció una lástima que no se hubiera podido aprovechar esa oportunidad. Al fin y al cabo, nunca se sabe a dónde puede llevar un camino a una persona, y qué puede abrirse a partir de esas vías. ¿Por qué se había abierto esta inusual conexión entre nosotros, desconocidos de la misma vecindad?

Mi respuesta a Nicola a partir de las lecturas del primer material de ABE fue positiva. ABE hablaba de mantener nuestra estabilidad, nuestras vibraciones personales, y de dirigirnos hacia la unidad. No había nada que yo considerara extraño, raro o incluso cósmico en ello. Se trataba más bien de intentar ser un ser humano estable. En realidad, todo era bastante normal. Creo que Nicola se sintió aliviada de que le diera una respuesta alentadora y de que no la considerara un ¡bicho raro! Las cosas inusuales suelen ocurrir por alguna razón, y todo es cuestión de perspectiva. A estas alturas estaba dispuesto a mantener mis perspectivas abiertas. Entonces Nicola se aventuró con otra propuesta, aunque a su manera tímida. ¿Me interesaría hacer algunas preguntas a ABE? ¿Quién podría rechazar una oferta así? Yo no.

Y entonces fue cuando empezó todo.

Alrededor de finales de octubre de 2018 Nicola y yo acordamos reunirnos online para formular algunas preguntas para la ABE. Nicola tenía un descanso semestral de cuatro semanas de sus estudios, por lo que nos pareció un buen momento para reservar y centrarnos en el contacto de ABE. Como solo estábamos en contacto virtual, pensamos que lo mejor era crear un documento online que pudiéramos compartir los dos simultáneamente. Sería una buena manera de estar en contacto con las respuestas a medida que fueran llegando; y yo podría, si fuera necesario, escribir cualquier pregunta de seguimiento inmediata (lo que ocurría a menudo). No sabíamos realmente hacia dónde nos dirigíamos, ni lo que se materializaría de toda la aventura. Sin embargo, como se suele decir, ¡si no se arriesga, no se gana!

Era un lunes por la mañana... es todo lo que recuerdo. No sabría decir si era soleado o lluvioso, ni tampoco cuál era la fecha exacta: solo finales de octubre de 2018. Y comenzó con mi primera pregunta: **Hola Abe. ¿Puedes explicar «quién» es Abe?**

A lo largo de estos comentarios se explica quién, o qué, es ABE. También me gustaría decir que esto es algo de lo que el lector no debería preocuparse demasiado. Para mí, la noción de comunicación con la consciencia colectiva subyacente –el estado cero–, el origen de todo antes de la manifestación física, es singular. También encaja bien con los últimos descubrimientos de nuestras ciencias cuánticas. Sin embargo, a fin de cuentas, ¿es esto realmente lo importante? Si el material tiene sentido y funciona para ti, entonces confía en tu propia respuesta innata a las comunicaciones. Al fin y al cabo, eso es lo que importa: no «quién» es ABE, sino lo que «ellos» tienen que comunicarnos a ti y a mí. En cualquier caso, teníamos que empezar con una primera pregunta, así que la hemos convertido en un «quién».

Luego siguieron el resto de las preguntas en lo que denominé «Puesta en escena», como verán cuando lean este libro. No tenía ningún plan específico en mente. Me sentaba y escribía las preguntas, y luego las transfería al documento en línea para la reunión de ABE del día siguiente. Sin embargo, también había un buen número de preguntas que se formulaban directamente como seguimiento, una vez leída la respuesta a la pregunta anterior.

Decidí de antemano los temas que quería abordar, una vez finalizada la «puesta en escena»: la consciencia, la salud, la sociedad, la tecnología, el cosmos, el futuro, etcétera. Finalmente, las preguntas se dividieron en secciones para agrupar los temas. Más de tres semanas y más de doscientas preguntas después, sentimos que habíamos llegado a un final natural. Teníamos la sensación de tener una gran cantidad de material. Lo que había que hacer ahora era leerlo todo –de nuevo– y tratar de asimilar lo que se nos había ofrecido.

Debo decir en este punto que la forma en la que Nicola trabaja es que lee y «mentaliza» una pregunta, y luego recibe una respuesta en su mente. Cómo funciona eso, y cómo suena esa voz: bueno, sólo Nicola puede explicarlo. Lo que Nicola escribe está en un flujo continuo; es decir, no tiene signos de puntuación, ni puntos ni frases aparentes. No sé por qué es así. Me gustaría que no lo fuera, ya que me facilitaría la vida. Después de cada respuesta tengo que leer y formatear las palabras en oraciones gramaticales. Esto no es fácil, ya que no siempre es evidente dónde debe ir la pausa. ¿Hay que poner un punto y aparte? ¿Son dos frases distintas? Las combinaciones son variadas. Durante estas comunicaciones se desarrolló la conexión entre Nicola y yo, ya que hasta entonces no nos conocíamos, y también con ABE. Naturalmente, estas comunicaciones crearon una mayor conexión entre nosotros. ABE dice que todos estamos intrínsecamente conectados de esta manera; simplemente lo hemos olvidado y nos hemos desvinculado de nuestra conexión esencial.

El presente

Nicola recibe sus «empujones» (como ella los llama) con regularidad. Se sienta, los recibe, los escribe y luego me los envía, y yo los edito, formateo y archivo. Cuando surgen preguntas, también las publicamos en el documento online y Nicola se conecta y publica sus respuestas. La conexión es ahora más informal pero continua. ¿Hasta dónde vamos a llegar con esto? La verdad es que no lo sabemos; para ser sinceros, ninguno de los dos pensó que llegaríamos tan lejos. Como todas las cosas buenas y naturales, nos dejamos llevar por la corriente. Y, por supuesto, tratando de permanecer en sintonía.

ii) SOBRE LAS COMUNICACIONES DE ABE

Son una serie de preguntas y respuestas entre dos personas – Nicola y yo– y Abe. Los materiales de Abe son comunicaciones positivas e inspiradoras que nos instan a encontrar nuestro camino de vuelta al equilibrio: de una «mente escindida» a la «resonancia del hogar». Estas comunicaciones no son una canalización, sino un permiso. Nuestro primer volumen de comunicaciones contiene más de 200 preguntas y respuestas que abarcan temas como la salud física y mental, la sociedad, la cultura, la religión, la tecnología, el cosmos, la evolución humana y otros. Este material ha sido «permitido» en este momento porque es esencial que la humanidad encuentre su resonancia de origen y vuelva a tener una relación armoniosa consigo misma y con el mundo.

Nicola recibe las comunicaciones de Abe en una especie de "flujo de consciencia". Es decir, las expresiones carecen casi por completo de puntuación y consisten en palabras continuas más que en frases. Después de recibir los comunicados, los leo y hago lo posible por organizarlos en oraciones gramaticales. Parece que el estilo de las frases puede ser algo «arcaico» a veces. Hay muchos «pero mira», «pero oye esto», «ve esto» y frases similares. En realidad, para ser justos, son marcadores muy útiles, ya que me permiten ver dónde termina una frase y dónde empieza otra. También había ocasiones en las que Abe parecía decir algo con una manera de expresarse que no era la más fluida o moderna. Me pregunté si Abe quería que yo «tradujera» sus comunicaciones de una manera más fluida e informal. Abe contestó: «Si sientes con mucha fuerza que debes hacerlo, entonces sí. También nos gustaría decir que, si dudas de querer hacerlo, entonces creemos que debería mantenerse como está».

Ahí lo tienen: solo se nos dio permiso para hacer modificaciones si nos sentíamos «muy seguros» de hacerlo. De lo contrario, debíamos dejarlo estar. Tal vez haya una buena razón para ello. Tal vez, solo tal vez, el estilo de transmisión de Abe también está impactando en nosotros mientras leemos, actuando sobre nuestra propia cognición interna. Lo que hay que repetir aquí es que estas comunicaciones no deben considerarse una forma de «canalización» como se conoce comúnmente. La canalización suele tener lugar entre una entidad y un ser humano: a menudo esta entidad es un espíritu desencarnado, una inteligencia/especie sensible u otra forma de ser no terrestre. Sin embargo, en este caso, las comunicaciones se reciben de la Fuente de nosotros mismos. En otras palabras, estamos en comunicación con la parte «superior», o no manifestada, de nuestra alma. Por esta razón, se nos informó de que no debíamos considerar esto como una canalización, sino como un permitir. Estamos «permitiendo» que una parte de nuestro ser encarnado se comunique con el Ser Mayor. Por así decirlo, no estamos en contacto con otro «ser» sino con nuestro propio Ser. Y como cada persona tiene esta capacidad, este contacto, se considera una forma de «permitir»: solo tenemos que permitírnoslo a nosotros mismos.

iii) SOBRE EL USO DE TÉRMINOS: Abe y Continuum

¿Por qué se hace referencia a estos materiales como las «Comunicaciones de Abe»?

Nicola Mortimer, que recibió estas comunicaciones, deseaba tener alguna forma de identificación; cuando ella lo manifestó, se le dio el nombre de «Abe». Por supuesto, estas comunicaciones son con el punto-cero del campo unificado de consciencia pura y por lo tanto no tienen «nombre». Sin embargo, ya sabéis cómo somos los humanos: ¡nos gusta saber con quién estamos conversando! Más tarde, en la primera de nuestras sesiones de preguntas y respuestas, abordé esta cuestión de por qué el apelativo de Abe. Esta es la respuesta que recibimos:

> «este era un nombre adecuado para lo que podríais llamar una abreviatura en el sentido de que podemos ser un acrónimo... ABE era la forma corta de una abreviatura que significa un término que puede ser una contracción; algo que está acortado, reducido...»

Lo que esto significa es que incluso al utilizar un nombre estamos tratando con una contracción, una abreviatura, de la forma original. Un «nombre» es una contracción –una forma «acortada, disminuida» – del origen de lo que se representa con el nombre. Así pues, un nombre es una abreviatura; y una contracción más, o abreviación, de la palabra «Abreviatura» es **Abe**.

Más adelante, al final del primer libro de comunicaciones, Abe vuelve a hacer mención a esto. Afirman:

> Considéralo como una emisora de radio que te gustaría escuchar. Sintonizas cierto canal, pero ves que no tienes ninguna preferencia y permites que aparezcan más cosas. Como decimos, Abe es solo una constricción acortada, de todo el asunto: una abreviatura de la consciencia pura.

El nombre que utilizamos y que nos dieron –Abe– representa «una abreviatura de la consciencia pura». Para mí, eso tiene sentido. Espero que también lo tenga para el lector. Abe nunca ha sido totalmente una «forma». Como unidad, no tiene forma. Sin embargo, puede expresarse a través de la forma: «Por lo tanto, nunca hemos estado en la forma, pero nuestra falta de forma nos permite estar en todas las formas, pero no ser de ellas».

Abe no es un ser, una persona, una especie: Abe es Todo. Abe es la fuente de toda manifestación, el campo de la Fuente colectiva del que nace toda la materialidad. También es tú y yo. Abe se refiere a sí mismo como la Fuente colectiva, pero prefiere utilizar el término Unidad. La unificación es uno de los temas principales de las comunicaciones de Abe. En palabras de Abe:

> Nosotros no somos más que vuestro estado original del ser, solo que vosotros tenéis las condiciones de un cuerpo que en cierto modo crea una interferencia vibratoria diferente. Porque veréis, no tenemos un

cuerpo físico y no somos únicamente de un punto de localización, pero cuando estamos en comunicación con vosotros somos ambos... Queremos guiaros hacia el camino de vuelta a casa, aquí y ahora.

El Campo Unificado de consciencia pura puede estar dentro de toda forma sin ser la forma misma, lo cual podría decirse de otra manera: el Campo Unificado de Consciencia *está en la forma, pero no es de la forma.*

Sin embargo, para la redacción de estos comentarios he optado por referirme al Campo Unificado como el *Continuum*. ¿Por qué he decidido ahora utilizar este término? Una vez más, todos estos son nombres; y los nombres son una forma con la cual los humanos categorizan, interpretan y definen algo. Y esto es muy difícil cuando se trata de intentar interpretar y representar algo que está más allá de la forma. Sin embargo, el uso de términos como *Campo Unificado, Campo Fuente, Campo Punto Cero*, también tienen diversas asociaciones que pueden aportar cierta distorsión. El término «Campo Unificado de Consciencia» funciona como título descriptivo, pero es demasiado largo para repetirlo durante todo el libro. Además, he querido sugerir otros aspectos o características del campo unificado. Por esta razón, he optado por el término *Continuum*[2] (un término en latín) ya que, según varias definiciones de diccionarios, un *continuum* es algo que se mantiene, a la vez que permite el cambio lentamente a lo largo del tiempo. También significa que el todo se compone de muchas partes, y este todo continuo tiene partes que no se pueden separar o discernir por separado.[3]

---

2   N.T. Se ha optado por mantener la versión del término en latín en la traducción, ya que la palabra «continuo» en español puede dar lugar a equívocos.

3   https://www.yourdictionary.com/continuum

¿Cuáles son algunos ejemplos de un *continuum*? Otra vez, una definición del diccionario nos ofrece la frecuencia como ejemplo, y afirma además que es: «una serie continua de elementos o ítems que varían por diferencias tan pequeñas que no parecen distinguirse entre sí». Otro ejemplo de *continuum* es un rango de temperaturas que va desde la congelación hasta la ebullición. Esta «gama de temperaturas» también representa los distintos grados de energía: desde la congelación (forma) hasta la ebullición (sin forma). Un *continuum* contiene todos estos estados de energía, incluidos los intermedios; es el todo y todos los niveles de sus partes. Además, es continuo y admite grados de cambio. Para no hacer un uso excesivo de nombres predeterminados, como *Campo Fuente* o *Campo Punto Cero*, consideré que en beneficio de una mayor comprensión podríamos utilizar un término más neutral: *Continuum*. Lo único que añadiría aquí es que el *Continuum* al que me refiero es la consciencia completa y pura. Espero que el lector me permita esta licencia.

INTRODUCCIÓN

«Una vez que lo has tocado no hay división, no tienes que desgarrar tu corazón. Porque no conoce la separación».
Oráculo de Apolo en Anatolia

Es extraño, muy raro, que la humanidad haya llegado tan lejos en su viaje y, sin embargo, siga aferrada a un pensamiento tan anticuado. Incluso hoy en día, un gran número de personas siguen pensando que cuando mueren, eso es todo. Están muertos. Desaparecidos. No hay más. La vida *después* de la muerte del cuerpo físico sigue pareciendo increíble para muchos. ¿Por qué ha de ser así? ¿Por qué tanta gente sigue creyendo que la vida es un asunto transitorio? Es una creencia de separación; una vida de un parpadeo momentáneo en la inmensidad de las cosas. Es hora de cambiar en masa nuestra forma de pensar. O sea, no solo los individuos dispersos, sino colectivamente, como una especie entera. Tenemos que reaprender –*re*-cordarnos– para reconocer que toda la vida está intrínsecamente conectada ya que toda ella sigue siendo parte de la misma fuente de energía. La materia es un estado de vibración. Al igual que el agua puede ser líquida, sólida y gaseosa, también la frecuencia puede ser campos de energía, ondas y partículas físicas. Todo lo que se manifiesta ha surgido a través de un cambio de frecuencia energética. Todo es vibración. Los materiales de Abe dicen esto; el inventor Nikola Tesla dijo lo mismo. La forma surge de la no-forma. En todo momento, la forma está relacionada y conectada con el estado energético de la no-forma.

La vida humana –de hecho, toda la vida– es algo más que lo que nuestros ojos físicos pueden ver. Nuestros sentidos son limitados mientras están dentro de un estado de adormecimiento físico. Es decir, cada uno de nosotros sabe –instintivamente en nuestras profundidades– que somos más que el vehículo físico que habitamos. Las religiones han sido tentativas de reengancharnos a este conocimiento perdido de nuestra existencia innata dentro del fondo de consciencia infinito. La palabra «religión» procede de la palabra latina «religare»: atar. A través de las prácticas religiosas somos compelidos a recordar y reconocer (re-conocer) nuestro vínculo inherente con la Fuente de la cual somos una manifestación en el componente energético físico. Y, sin embargo, en nuestras culturas se dice que somos «espirituales» cuando intentamos seguir estos caminos y prácticas de recuerdo y vinculación. Sin embargo, ¿por qué debería considerarse «espiritual» perseguir nuestra herencia natural, nuestro linaje de existencia? Existir es ser «espiritual», ya que estamos en un camino infinito del espíritu, del alma. Somos almas encarnadas. Tenemos una experiencia de vida a través del vehículo de un cuerpo físico. Estar vivo es ser espiritual porque somos ese Espíritu. ¿Por qué definimos y categorizamos lo «espiritual» como algo distinto, algo aparte? ¿Por qué hemos renegado de nosotros mismos durante tanto tiempo?

En palabras de Abe, hemos estado correteando persiguiendo nuestra propia cola. Como seres humanos, tendemos a impedir nuestro avance la mayor parte del tiempo. Es hora de dejarnos pasar para permitir que el flujo de la energía vital se mueva a través nuestro, sin el bloqueo constante. Lo tangible y lo intangible coexisten como aspectos de la misma cosa. Somos energía y materia al mismo tiempo: espíritu y biología coexisten como una fusión. Es hora de honrar esa fusión sanando nuestra fragmentación. Somos, como Abe nos recuerda constantemente, mentes escindidas. Hemos dejado de lado la línea telefónica y hemos perdido de vista la conversación: el diálogo entre el yo y el Ser. Son uno y el mismo: partes de ello y nunca separados. Es esta comprensión la que ahora tenemos que adoptar si queremos prosperar como especie en la encarnación física. Si no somos capaces de reconocer estas verdades fundamentales, es probable que nos desviemos de nuestro camino evolutivo. Y si estamos fuera de resonancia con nuestro viaje evolutivo, caemos en el estancamiento y, en última instancia, no logramos evolucionar más. Llegamos al final de nuestra trayectoria. La vida continúa en otra parte, en otras manifestaciones y expresiones. La vida siempre *es* y *siempre será*. ¿Dónde estaremos nosotros? ¿Dónde nos situaremos en el gran tapiz cósmico de la expresión viva?

La vida tiene un sentido. Todo tiene sentido, porque la existencia es *puro sentido*. Ya sea como parte de la Fuente, o como un punto de expresión física, somos significativos. Somos *pura existencia*. Somos *todo lo que es* y *todo lo que será*. Estamos en una danza, una conversación, una relación, con nosotros mismos. Tú, yo, todo. La fragmentación que vemos a nuestro alrededor es solo un aspecto percibido de la totalidad, no está separada de ella. Depende de nosotros cerrar esa brecha, volver a unirnos a la fiesta.

Despierta mundo. Todo está ante nosotros, si podemos abrir los ojos y volver a unirnos, o alinearnos energéticamente, con nuestra resonancia de origen.

Recordad: la cosecha de la semilla está en la preparación de la comida.

ABE

PRIMERA SECCIÓN

La puesta en escena

La comunicación con el Campo Unificado

En estas comunicaciones se hace mucho hincapié en la noción de «permitir». Esto se refiere a que la persona tiende a interponerse en su camino: es su propio bloqueo. Cada uno de nosotros está recibiendo señales y «empujones» todo el tiempo, pero no somos conscientes de ello. Cada uno tiene la capacidad de escuchar esa *voz especial* dentro de sí mismo; sin embargo, rara vez la escuchamos; o no lo hacemos con suficiente atención. Cuanto más «nos lo permitamos», nos dicen, más podremos participar en nuestro propio desarrollo y evolución. A medida que el individuo evoluciona, esto también ayuda al colectivo.

La permisividad de estas comunicaciones está relacionada con nuestra propia evolución personal. Se dice que el ser humano es como una antena que capta las ondas de radio. Como individuo físico, podemos actuar como el «punto de lugar» para la localización de la comunicación. Sin embargo, la comunicación está disponible en todo momento y lugar, ya que no hay tiempo ni espacio en la existencia del Campo Unificado. Como dice Abe: «Lo que nos permite entrar es que la mente se expande a medida que se evoluciona. Esto será así, para dejar entrar más y más. Lo que queremos hacer también es permitir esta transición». A medida que nuestros rangos perceptivos se expanden y se abren, o mejor dicho, a medida que superamos nuestros condicionamientos, somos capaces de recibir y/o comunicarnos más con los campos de inteligencia más allá de nuestro conjunto de realidad. En el mismo pasaje, Abe continúa diciendo:

> En cuanto a lo que está sucediendo, sentimos que en este momento hay una epidemia ya que la gente está luchando. Veréis, como decimos, estáis estancados y os aferráis a esto en vuestra forma. La energía os está cambiando y entrando para ayudar a fluir, pero como un perro con un hueso no lo soltáis.

De hecho, actualmente existe una epidemia física, psicológica y espiritualmente. Es un comentario razonable decir que muchas personas están «estancadas» en este momento ya que estamos cegadas por el estado del ser en su forma física. Se nos informa de que la energía está «entrando para ayudar a fluir» y, sin embargo, los humanos estamos bloqueando esta energía ya que nos aferramos a nuestras perspectivas materialistas como un perro con un hueso, y no somos capaces de soltarlas para «permitir» una mayor receptividad de las energías intangibles.

Como parte de nuestro enredo con la materialidad, tenemos que lidiar con el concepto de tiempo, y con nuestra insistencia en que existimos como «individuos sólidos» dentro de una determinada construcción temporal. El tiempo, dice Abe, forma parte de nuestra estructura humana, y se ha utilizado como medio para demostrar que «estoy aquí» porque podemos localizarnos en el tiempo. Esto crea una secuencia de tiempo donde la existencia se localiza y se divide en secciones. Las secciones de tiempo pasadas son partes de nuestra memoria. El futuro ya existe, solo que no se ha actualizado en nuestra experiencia. A causa de esta construcción de localización temporal –de dividir y segmentar la experiencia vital– tenemos dificultades para percibir la interrelación de todas las cosas. Esta interrelación es la consciencia colectiva –una red de consciencia «a través de la totalidad de la experiencia de tiempo, espacio y lugar»– que es el Abe (el *Continuum*) con el que todos podemos sintonizar. Todo es un ecosistema de niveles energéticos entrelazados. No hay separación, solo distinción de niveles. La energía del *Continuum* existe a través de todos los niveles porque todos ellos son una manifestación de su existencia: el cósmico, el ambiental/planetario y el corporal: «todos los diferentes niveles, percepciones, puntos de lugar, trabajando en perfecta armonía en todos y cada uno de los niveles, pero sin separarse en absoluto». La conexión con el *Continuum* (Campo Unificado, Brahma, Fuente, etcétera.) es un conocimiento que siempre ha existido y, sin embargo, la humanidad ha perdido en gran medida, o se ha desprendido, de esta comprensión. Lo que se nos pide ahora es que hagamos esa reconexión. No se trata de una noción fantástica o ridícula; en todo caso, es una herencia natural que se ha vuelto latente para la gran mayoría de la humanidad. Las comunicaciones de Abe pretenden que veamos esta interconexión: «...esta inmensidad de la experiencia perceptiva; que en esta separación hay una totalidad y que lo que parece discordia en un nivel es armonía en otro».

Un punto fundamental que subyace en estas comunicaciones es que más allá de la aparente separación hay una totalidad. Actualmente, la humanidad está experimentando esta realidad como una forma de separación; debido a lo cual hay discordia y desarmonía. Sin embargo, dice Abe, en otro nivel, el de la totalidad, hay armonía. A lo largo de la historia de la humanidad, los filósofos de todas las épocas y edades han lidiado con las grandes preguntas sobre el significado de la existencia, explorando y criticando nuestras formas de conocimiento. Abe lo expresa de forma más sencilla: «El verdadero conocimiento, desde nuestro punto de vista, es permitir aquello en lo que estáis». Es decir, todo el conocimiento está disponible a través de nosotros, ya que somos todo lo que necesitamos saber, *si solo* podemos permitirnos ser nuestros verdaderos yos. El misterio del conocimiento es aquello con lo que nos hemos embozado; en cada época nos ponemos un nuevo abrigo, hasta llegar al momento actual en el que estamos sumergidos bajo todas las capas que nos hemos puesto. No somos capaces de acceder al núcleo, a la semilla, a nuestras verdades interiores. Abe lo dice bellamente de esta manera: «Todo el conocimiento es cognoscible, es simplemente que pienses que ha de alcanzarse: cada experiencia, todo, cada batir de un ala, aplastamiento de una roca, nacimiento de un niño, llanto por una muerte, todo es una vibración, una parte de un patrón intrínsecamente entretejido en una red de consciencia». Todo lo que Abe conoce, nosotros también podemos conocerlo. No hay ninguna separación o división, salvo las que hemos puesto sobre nosotros (o permitido que otros pongan sobre nosotros). La cuestión ahora es que tenemos que desenredarnos antes de ser capaces de volver a avanzar de forma equilibrada y correcta. Si seguimos tratando de avanzar, será como si camináramos por el barro que nos llega a la rodilla; no solo nos agobiamos, sino que, lo que es más importante, avanzamos con una percepción distorsionada de lo que realmente somos. Además, puede que estemos intentando crear un futuro para nosotros basado en un pensamiento defectuoso, en percepciones estrechas y en una comprensión incompleta de nuestro lugar dentro del panorama más amplio. Ahora se nos dice que lo que tenemos dentro de nosotros es mucho más amplio que lo que nos atribuimos externamente. Actualmente tenemos tecnologías que nos conectan globalmente y permiten la comunicación y el contacto instantáneos. Sin embargo, dentro de nuestra esencia somos más expansivos que esto. La experiencia vital ha hecho que la humanidad se fije en las construcciones físicas en detrimento de nuestra inteligencia innata que nos conecta con una reserva de consciencia cósmica. Esta Consciencia-Fuente está disponible para todas las personas; es este conocimiento y comprensión lo que hemos perdido. La distracción de lo físico ha sido, sobre todo, lo que nos ha alejado de nuestro conocimiento y contacto innatos.

Para entender cómo funcionan estas comunicaciones, es necesario aceptar que toda la vida es vibratoria. Toda la vida física está en comunicación vibratoria y, de una forma u otra, en correlación vibratoria que es otra forma de interrelación energética. El hecho de que no sea visible para nosotros, no niega su existencia. Mucha gente se está haciendo más consciente de ello a través de las investigaciones publicadas sobre cómo el entorno natural se comunica entre sí: los árboles con los árboles; los animales con su entorno, y más. La vida es una red de comunicación entretejida. Como humanos, nos centramos demasiado en los tipos de comunicación que son cuantificables, o «cognoscibles»; es decir, a través de la palabra hablada, la palabra escrita y otros medios que nos *muestran* la comunicación. Como consecuencia de nuestro apego al paradigma físico de la realidad, parece que solo validamos aquellas cosas que se nos muestran: «Como ocurre con toda la vida, la comunicación es esencial y el conocimiento correcto de lo que significa también lo es». Tanto dentro de las correlaciones vibratorias correctas, como dentro de las partes del cuerpo humano, la armonía es necesaria y es la esencia del alineamiento correcto. Sin embargo, la armonía no es algo que deba buscarse y por lo que haya que esforzarse para alcanzarla. Más bien, la armonía es «algo que permitir y a lo que abrirse». Asimismo, el *Continuum* no está por encima de la humanidad, ya que es una parte intrínseca de lo que somos: «...somos parte de aquello en lo que estamos y en lo que todo está. Queremos mostrártelo, abrirte a la belleza de la contracción y la expansión».

Esta contracción y expansión es un continuo entrar y salir de la forma material. El *Continuum* está entrelazado con todas las formas de existencia y, como nuestra respiración, entra y sale de la forma. Abe se refiere a esto como un «devenir constante». Estos «devenires» constantes se reconocen como formas de alineación vibratoria. Solo somos capaces de captar una parte de lo que esto significa, ya que necesitamos evolucionar nuestros mecanismos físicos para recibir más de esta alineación vibratoria. Para evolucionar como especie, primero tenemos que entender que somos mucho más que nuestros cuerpos físicos o, como dice Abe, nuestro punto de lugar físico. Se nos dice que para que la energía experimente la cualidad física necesita un punto de atracción. Este «punto de atracción» en nuestro caso es el cuerpo humano; este es nuestro «mecanismo». La energía que puede pasar, o alinearse, con el mecanismo depende de su capacidad para recibirla. Tiene que haber una correlación. A modo de analogía, una fuerte corriente eléctrica procedente de la central eléctrica tiene que pasar primero por los transformadores para reducir la potencia y que se pueda recibir en el hogar. Si la energía no pasara primero por estos transformadores, fundiría todos los fusibles en el otro extremo. Debe haber una coincidencia vibratoria para que haya una correlación. Como dice Abe: «a medida que evoluciones también verás que todo el cosmos está vivo».

Todo el cosmos está vivo y entrelazado. No hay ninguna separación en el nivel fundamental. Es solo el constructo físico, como lo llama Abe, lo que podría percibir cualquier separación. Y dentro del panorama más amplio, hay vida dentro del cosmos que está evolucionando a diferentes ritmos, diferentes modalidades de cualidad física. Toda la vida está evolucionando esencialmente dentro del *Continuum* de vuelta al estado Fuente del que vino, y del que es inseparable. Hay expansión y contracción, pero no hay nada fuera de eso. Toda la vida es inclusiva y se contiene a sí misma, así como todo lo que hay y todo lo que habrá.

Abe afirma que la consciencia del Campo Unificado del *Continuum* está ahí para ayudar, pero no para dirigir. Se puede suponer que la Fuente del Ser desea ayudar en la correlación de energías –la comunicación entre y con ella misma– pero no dirigir o interferir demasiado en el paso, o la experiencia de vida, de las diversas manifestaciones. Aquellas experiencias vitales más constreñidas a su expresión física tendrán menos receptividad al flujo de energías sutiles. Es casi natural que consideremos otras formas de expresión consciente como *inteligencia*. Es una palabra que muchos de nosotros utilizamos, incluido yo mismo, para referirnos a otras formas de consciencia. Es interesante observar que Abe afirma que la palabra *inteligencia* se ha antropomorfizado o personificado en exceso desde la perspectiva humana: «En cuanto a la palabra inteligencia, diríamos que se ha humanizado en exceso porque la inteligencia es la forma en la que colaboras y te armonizas con tu entorno. En realidad, no es algo para ganar, sino para relacionarse». La inteligencia indica el camino de la armonización y la colaboración. Y, lo que es más importante, no es un atributo que haya que ganar, sino con el que hay que relacionarse. Esta es una de las primeras referencias al término *relacional*, un concepto que se convierte en el centro de las comunicaciones de Abe y aparece con frecuencia en todos los mensajes posteriores. Volveremos a hablar de ello más adelante con mayor profundidad, ya que forma parte de la comprensión central del material de Abe. La comunicación es el acto de alineación vibratoria. Podemos decir que somos capaces de comunicarnos con todo aquello con lo que estamos alineados vibratoriamente. Podemos atestiguar esto desde el sentido común. ¿Has intentado alguna vez comunicarte con alguien que «no está en tu misma onda»? En la mayoría de los casos, decimos que no hubo un encuentro de mentes afines. O que no «veíamos» las cosas de la misma manera. En definitiva, se trata de una disyunción que a menudo se describe en términos corporales. También es una situación psicológica, ya que la alineación suele estar bloqueada por las capas de nuestro condicionamiento social. Nuestra expresión del punto de lugar, es decir, nuestro cuerpo físico y nuestra mentalidad, tiene múltiples capas de filtros que la mayoría de las veces desconocemos. Cuando una persona está atrincherada en su personalidad, es menos probable que esté en alineación vibratoria con aspectos del reino no visible, tales como los campos energéticos de la consciencia. Cada persona es una *firma vibratoria*. Esta firma que es única para cada persona se forma a partir de una combinación de factores; principalmente, es un reflejo de nuestro estado de apertura y del nivel de los filtros de condicionamiento: cuantos menos tengamos más alineados podremos estar. Cuanto más entremos en un estado natural, libre de nuestra personalidad social, de nuestras creencias socioculturales, de nuestras opiniones y del equipaje similar que hemos llegado a asociar con nuestro «yo», más cerca estaremos de un estado energético de receptividad vibratoria.

La expresión de la consciencia que se manifiesta a través de cada persona está alineada con la resonancia de frecuencia del vehículo cuerpo-mente (lo que llamaríamos «la persona»). La receptividad de la consciencia está restringida en función de los condicionamientos de la persona, que son los filtros del cerebro y del cuerpo. Especialmente el cerebro tiene muchos, ya que el cerebro de una persona es más susceptible a la programación y a las formas de condicionamiento externo, como por ejemplo a través de la escolarización y la propaganda. En otras palabras, se puede decir que «permitimos» que la consciencia se nos manifieste. Este proceso es lo que a menudo se denomina *inspiración*. Sin embargo, para mucha gente, la inspiración es algo que se entiende como originado por uno mismo a partir de sus propias ideas y pensamientos. De este modo, nos referimos a las personas como creativos, genios, etcétera, lo que solo conduce a reforzar la identificación de la persona con su personalidad/ego en lugar de liberarla. Esto puede provocar el efecto contrario, que es bloquear aún más el permiso a la consciencia («inspiración») y un estancamiento de la creatividad. En este sentido, ¡si se pretende seguir estando inspirado no es útil referirse a uno mismo como genio!

La concesión y la receptividad del campo de conciencia unificado –el *Continuum*– está relacionada también con las vías específicas que tenemos dentro del cerebro humano. Como dijo Abe: «...hemos sido capaces de manifestarnos previamente y esto se debe a la evolución del cerebro y de las vías neuronales». Como veremos en comunicaciones posteriores, las vías neurales del cerebro humano son significativas para la evolución de la consciencia y de nuestras facultades perceptivas. Además, debido a lo que estamos descubriendo ahora sobre la neuroplasticidad, es posible participar consciente e inconscientemente en aquellas prácticas que pueden recablear las vías neuronales del cerebro, ayudando así a la evolución humana consciente.

La energética de la evolución humana

Permitir que la consciencia se manifieste a través del ser humano es una cuestión de resonancia y alineación. La evolución humana en este planeta también es una cuestión de alineación correcta para avanzar en equilibrio. Y aquí es donde reside uno de los problemas a los que se enfrenta la humanidad. Como especie, estamos desequilibrados con nuestro entorno:

> Mucha gente está resonando por debajo de lo que resuena el planeta y, por lo tanto, está en desarmonía... Para vuestra propia evolución sería sabio emparejarse con las energías terrestres, en primer lugar para estar en sintonía con ellas, y también para conectarse con la consciencia cósmica. Este es vuestro camino evolutivo en la actualidad. Esto también armonizaría el planeta y el cosmos.

Ante todo, tenemos que alinearnos con las energías terrestres. La especie humana se ha desviado de su entorno vibratorio natural. La humanidad se tambalea. La fuente principal para corregir este desajuste es la propia humanidad. La re-corrección y la realineación deben provenir de nosotros. No se nos pueden imponer únicamente por una causa externa; aunque, hasta cierto punto, también se puede sostener lo contrario: que la humanidad puede verse obligada y empujada por fuentes externas a un mayor desequilibrio y desalineación.

La humanidad es una parte del cosmos mayor, y tenemos la capacidad innata de conectarnos –de entrar y salir– del campo mayor de la consciencia cósmica. Al mismo tiempo, como nos manifestamos a través de un cuerpo físico, tenemos derecho a bloquear esta conexión. Es, dice Abe, como cambiar de canal. Y sin embargo, al igual que en la vida física, no podemos encender y escuchar dos canales al mismo tiempo: el receptor físico solo puede estar sintonizado con uno. Y lo mismo ocurre con el cuerpo humano. Sin embargo, el receptor puede amplificarse para poder recibir más del canal emisor: «En el futuro, con el cambio de vuestros cuerpos para recibir más y más energías, esto será posible... Además, vuestro cuerpo está limitado a las energías que puede recibir, lo cual es bueno. En la actualidad, pasar de un estado a otro sin progresar sería perjudicial». Este es un punto importante ya que indica la necesidad de procesos de desarrollo. Al igual que una carga eléctrica necesita transformadores que la aumenten o la reduzcan, el cuerpo humano también necesita procesos, experiencias o acontecimientos «transformadores» que preparen al cuerpo físico para las nuevas energías. De lo contrario, al cuerpo se le podrían fundir los plomos, literalmente. El ser humano necesita primero alinearse con las energías terrestres para ayudar a este proceso de desarrollo. Por decirlo de otro modo, el receptor humano se ha tapado y nos hemos vuelto, hasta cierto punto, *ciegos sensoriales* a nuestro propio entorno inmediato. En conjunto, la humanidad está ahora fuera de sintonía con su entorno natural, y esto ha dado lugar a una pérdida de funcionalidad. De nuevo, podría decirse que estamos «en un bamboleo». Esta pérdida de resonancia con el entorno hogareño está causando una enfermedad en la raza humana, y es necesario corregirla inmediatamente antes de que nos sobrevenga una enfermedad mayor. Abe reafirma esta posición: «Por lo tanto, es de suma importancia empezar a resonar de nuevo con la vibración del hogar. Esto se hace mediante esa interconexión de estar en la naturaleza y traerla de vuelta al sistema». El hecho de que Abe utilice la frase «máxima importancia» no hace más que reforzar la necesidad de que se preste atención a esto. Y lo que se necesita es una mayor interconexión natural. No tanto a través de las comunicaciones digitales o de las tecnologías, sino más bien estando en contacto con la naturaleza y trayéndola más a nuestras formas de vida. La vida moderna, nos recuerda Abe, se ha vuelto estéril porque nos hemos alejado de nuestra relación con la naturaleza y con las fuerzas naturales. Hemos cultivado un entorno más artificial, y esto no favorece nuestra resonancia hogareña.

Nunca ha habido una separación entre la humanidad y su entorno de origen; solo nuestro condicionamiento y nuestros sistemas sociales nos han enseñado que esto es así, y esto nos está causando ahora una gran disonancia.

Abe nos informa de que la evolución es un proceso tanto vibratorio como material. La vida es cíclica: «El estado original es el estado cero, que es ese inacabable devenir de la forma y la no forma». Es la transición continua entre la no forma y la cualidad física. Y cuando estamos en la forma física, nuestras vibraciones están alineadas con el entorno físico en el que nos encontramos. La correlación de estas vibraciones es lo que ayuda en el proceso de evolución. Hay un cambio continuo en las alineaciones vibratorias y en la receptividad de las energías vibratorias. La transferencia de energía debe ser un proceso y no un salto repentino. Abe explica esto utilizando la sencilla analogía de una tostadora doméstica:

> Veamos una tostadora: la tostadora funciona muy bien cuando el mecanismo es capaz de transferir la energía disponible para que sea útil para algo dentro del entorno. Una energía demasiado alta para el mecanismo hará saltar los plomos y no servirá de nada; y si la energía es escasa tampoco estará en sintonía para hacer lo que tiene que hacer. ¿Lo veis?

Para que la humanidad esté en sintonía con el proceso evolutivo, primero tiene que alinearse con la resonancia del hogar. El siguiente paso, según Abe, es evolucionar para ser más holístico. En la actualidad, sin embargo, las construcciones sociales dentro de nuestras civilizaciones están dificultando este proceso. Actualmente estamos experimentando una lucha, y esto forma parte de nuestro proceso de evolución humana. Es oportuno que la humanidad se reconecte con sus orígenes/raíces de plenitud. La alineación energética está disponible para aquellos que están abiertos a ella. No se retiene. La firma vibratoria de cada individuo es lo que determina su estado de resonancia. La sincronización de la resonancia es también una cuestión de relacionarse con ella.

A la luz de lo antedicho, se diría que el aumento de la urbanización es contrario a la dirección que debemos seguir. Parte de esto puede ser intencionado; también es un signo de que muchas personas han perdido su resonancia y «arraigo». El aumento de la urbanización también es un signo de que las autoridades desean ejercer un mayor control. Como dijo Abe: «La gente, y no solo los gobiernos, no quiere perder el control, sin entender que, de todos modos, nunca lo tuvo». La cuestión central aquí es un estado de desarmonización. Y lo que es perjudicial para nuestros entornos externos solo nos afectará a nosotros de forma perjudicial. Si estamos en un estado de desequilibrio y desarmonización, entonces todo lo que hagamos –lo que sea que venga *de nosotros*– también reflejará ese estado de desequilibrio y desarmonización. Todo vuelve a nosotros.

Nuestro comportamiento ha demostrado que, como especie, estamos en una fase joven de la evolución. Por ello, es normal que cometamos errores y adoptemos posturas inmaduras. Es esta inmadurez la que nos hace creer que existimos separados de todo lo demás. Debido a ello, hay menos comunicación en curso con el *Continuum*, simplemente nos falta la *receptividad*. Abe lo confirma: «En comparación con otros, estáis en una etapa muy temprana de la evolución, por lo que diríamos que no nos comunicamos con muchos de vuestra especie». El *Continuum* intenta comunicarnos, individual o colectivamente, aquello que ya conocemos pero que yace enterrado en nuestro interior. A veces, dice Abe, solo tenemos que despertar a nosotros mismos. Información como la que se está presentando aquí se ha expuesto anteriormente entre la humanidad muchas veces, y de muchas maneras. El tiempo y el lugar pueden ser diferentes, y esto se refleja en la forma en que la información se presenta o se comunica; sin embargo, en esencia, el núcleo de los mensajes es el mismo. Lo que se requiere para una mayor receptividad es una apertura desinteresada: «En tu corazón abierto no egoísta, puedes recibir y eso es lo que está sucediendo aquí, un canal claro, un corazón claro». En general, es una cuestión de resonancia, de estar alineado. Lo que está alineado se une. A esto se añade la cuestión del tiempo: «Lo que también nos gustaría decir es que es el momento adecuado, y que todas las personas están evolucionando a diferentes ritmos, porque esa es la belleza de la vida en todos sus colores y diversidad». Aunque haya diferentes ritmos de evolución, esa diversidad existe dentro de una unidad, una coherencia de consciencia. Abe utiliza la analogía de la muñeca rusa –la Matryoshka– para representar los niveles de consciencia (una analogía a la que Abe se refiere con frecuencia): «Hay niveles de consciencia; míralo así, como si fuera una muñeca rusa: cuanto más te adentras, más pequeño es el espacio. Esto es lo que ocurre con la consciencia». La consciencia se comunica a través de la resonancia; esto es algo a lo que podemos referirnos dentro de nuestro vocabulario común como una forma de telepatía: comunicación a través de la alineación vibratoria. Abe se refiere a esto como «la comunicación del cosmos».

La comunicación del cosmos

En lugar de anticiparnos o presionar para conseguir este tipo de alineación, tenemos que abrirnos para permitirla. Aquí, de nuevo, el concepto de permiso es central: «Mira, esta forma de comunicación no es algo hacia lo que te abres camino, sino una forma de recordar lo que siempre has tenido. Durante mucho tiempo has excluido las cosas que forman parte de tu ser de este mundo». ¿Y por qué hemos estado bloqueando estas partes naturales de nuestro ser? Porque nos hemos *distraído de nosotros mismos*. Se nos ha mantenido ocupados y estimulados externamente por todas las cosas que fundamentalmente *no somos nosotros*. Y a través de estas distracciones externas, la humanidad se ha mantenido fuera de la alineación vibratoria: «La alineación vibratoria es y siempre ha sido un corazón abierto, porque cuando este está cerrado, no sois capaces de comunicaros plenamente. Durante mucho tiempo os habéis perdido en el lenguaje. Os recuerdo el dicho: una buena charla de corazón a corazón; es decir, el corazón se abre; es la resonancia, es la verdad». Hemos cerrado nuestros corazones a través de la complacencia, o la inmersión, en un modo de vida excesivamente materialista. La vibración del corazón se ha cerrado a medida que la humanidad se ha ido «perdiendo en el lenguaje». Esto nos recuerda la historia bíblica de la Torre de Babel. Según el Génesis, había una raza humana unida (generalmente considerada como los babilonios) que, en su arrogancia, deseaba crear una torre que llegara hasta los cielos. Al observar esto, la deidad llamada «Dios» se preocupó por estas acciones y decidió crear múltiples lenguas para que los humanos se dividieran en diferentes grupos lingüísticos y así no pudieran entenderse ni comunicarse entre sí. Y desde entonces, la humanidad se ha «perdido en el lenguaje». De este relato se pueden extraer muchas deducciones, incluida la naturaleza de esa «intervención divina», pero ahora hay que hacer hincapié en la integridad y el recuerdo más que en las especulaciones.

Los humanos de este planeta están «en una especie de letargo». Este letargo refleja nuestra pérdida de alineación y de relaciones correctas: «La manera de volver a la alineación es conectarse con los demás, con el planeta, con uno mismo. Veréis, ha sucedido que las relaciones son calamitosas en todos los aspectos de la vida; con vuestro hermoso hogar; entre vosotros». Muchas personas han caído en estados de condenar, juzgar y tener relaciones desequilibradas con el mundo que les rodea. Y al final, esto significa que nos hemos desalineado de nosotros mismos. Muchos yoes y emociones verdaderos no se muestran por miedo a lo que los demás puedan pensar y decir. Muchas personas se sienten presionadas a mantener relaciones de competencia y a mostrar su fuerza a través del poder. Sin embargo, con esto, solo caemos en una mayor desarmonía con nosotros mismos. A menudo, acabamos desperdiciando nuestras energías defendiendo una posición falsa. A cada uno de nosotros se le exige ahora que viva su vida con autenticidad: «Cuanto más abierto esté vuestro corazón, más auténtica será vuestra vida, y más fácil será que la vida se mueva a través vuestro; y que no os sintáis continuamente ofendidos por los demás».

Abe, como representante del Campo Unificado del *Continuum*, no está separado de la humanidad. En este sentido, existe un profundo sentimiento compartido por nosotros, igual que el que sentiríamos por nuestras propias familias. No tener este sentimiento compartido sería, como dice Abe, como «cerrar una parte de lo que somos». Esto no puede ser así, porque representaría una escisión, y el *Continuum* Unificado es precisamente eso: Unificado. Sentir, o creer, que nos estamos comunicando con algo «fuera» de nosotros mismos es solo un reflejo de nuestras propias mentes escindidas y no un reflejo de la verdad: «La relación que tenemos es la unidad y si la guía que podéis recibir de nosotros viene de vuestra propia mente escindida, no es por nuestra separación sino por la vuestra». Estas comunicaciones no deben considerarse como una guía externa a nosotros, sino como una parte de nuestro propio ser. Podemos imaginárnoslo como el Ser en conversación con el Yo. Podemos pensar que estamos «actuando sobre el mundo» o que «el mundo está actuando sobre nosotros» cuando la verdad es que todo está entrelazado en colaboración. Todo lo que existe son diferentes niveles de consciencia en relación, como en la analogía de la muñeca rusa. Abe dice que: «Ver la totalidad es estar realmente en colaboración y estar en colaboración es estar en armonía».

En el entorno actual, saturado de impactos e influencias, tendemos a reaccionar cerrando nuestros corazones (en lugar de responder), y por tanto cerrando nuestras comunicaciones esenciales. Al hacer esto simplemente cerramos lo que realmente somos y todo lo que podemos ser. Se puede decir, según los estándares modernos, que al estar abiertos de corazón y actuar desde nuestras propias verdades estamos siendo egoístas. Sin embargo, ¿no es esto más bien vivir la vida honestamente? Y «si estás verdaderamente abierto, recibirás mucho más de la vida». A través de la apertura del corazón somos receptivos a estas comunicaciones del más allá. Muchas tradiciones han hablado del «Ser Superior» y, sin embargo, esta idea se ha conceptualizado como algo más allá («superior») y alejado de nosotros, como algo a lo que tenemos que aspirar o alcanzar. Sin embargo, no se trata de un estado/lugar de «superioridad», sino más bien de «un aspecto de aquello en lo que estáis, pero también de aquello que somos». En otras palabras: «En la comunicación con ABE estáis de hecho en comunicación con el ser». En nuestra realidad mundial hay tanta división y tantas percepciones de separación: nos hacemos esto a nosotros mismos. Dividimos, o permitimos que la división se produzca entre nosotros. También permitimos que fuerzas externas creen divisiones entre nosotros. Y con ello, perdemos el contacto con nuestra propia esencia, lo que nos lleva a un comportamiento constante de «otredad». No hay «exterior» ni «interior», ya que el cosmos siempre está en comunicación consigo mismo, a menos que estas comunicaciones se rompan, como en el caso de la humanidad.

Las relaciones dentro del cosmos mayor «son una red de comunicación vibratoria entretejida e interconectada». A través de estas relaciones, todo el conocimiento es accesible para nosotros. En el pasado, muchas personas se han inspirado en la «música de las esferas» –la sabiduría del cosmos– y la han transmitido al mundo de diversas formas: a través del arte, la filosofía, las enseñanzas, etcétera. Se trata de la interpretación en la forma; y en esta interpretación puede haber menos o más filtros. Abe ha dicho: «Los grandes de la humanidad solo hicieron una cosa y se conectaron con esto, con nosotros; dejaron de intentar y simplemente permitieron». Mediante la *permisividad* podemos dejar de filtrar y facilitar la comunicación entre el Ser y el yo. A menudo somos nosotros mismos los que nos interponemos en el camino de este *permiso*. Y eso es lo que estas comunicaciones pretenden principalmente: mostrarnos cómo quitarnos de en medio, y con ello encontrar nuestro camino de vuelta a casa.

En muchos momentos del pasado, la gente interpretaba estas comunicaciones con el Ser como una comunicación con su «Dios». Cuando se coarta el conocimiento y el *permiso*, muchas cosas se interpretan a través de los filtros limitados de la comprensión actual. Por ejemplo, si llevamos gafas de color rojo, todo lo que vemos se interpreta como si tuviera un tinte rojizo. Al quitarnos esas gafas, abandonamos nuestros propios filtros adquiridos. Nuestros filtros, como el lenguaje, el vocabulario y los conceptos, a menudo se interponen en el camino de las verdades esenciales: «Consideramos que no se debe interpretar como Dios o la Fuente, ya que estas palabras están demasiado usadas y sobrecargadas y realmente se interponen en el camino de lo que es la verdad». En lugar de enredarse con el lenguaje y los conceptos basados en el ser humano, Abe nos recuerda que lo importante son las nuevas «vías de resonancia» que se establecen en las personas. Cuando surgen nuevos patrones de resonancia, estos sirven para recalibrar nuestras conexiones vibratorias. Como se suele decir: como es adentro es afuera. Y así es también en este caso, ya que las conexiones vibratorias internas comenzarán a establecer nuevos patrones en lo físico lo que, a su vez, permitirá que las vías internas se fortalezcan, y así sucesivamente. Abe se refiere a esto de la siguiente manera: «Pero escuchad esto, a medida que los caminos se construyen en aquellos que están en resonancia, se establecen las conexiones vibratorias; y entonces esos caminos comenzarán a crearse también en la forma física, y en esa forma física la gente verá y con ello permitirá que se construyan internamente». A medida que cada persona establezca nuevos patrones/caminos de resonancia, estará abriendo su estado de permisividad; y a través del mismo, surgirá una línea de comunicación expandida entre el yo y el Ser.

Cuando se preguntó cómo expresar el concepto de Dios o de la Fuente, se reveló que el concepto de unidad, o de unificación, sería más apropiado. En concreto, la «unificación del ser». Utilizar términos que sitúan este concepto fuera o externo a nosotros solo aumenta el malentendido de la separación y la división que «han causado un gran dolor a las masas». Este «dolor» de la división, aclara Abe, se refiere a la «desarmonización y destrucción que se extiende como una onda por todo el tiempo y el espacio». El material de Abe –o las comunicaciones del *Continuum*– están aquí para mostrarnos a nosotros (o a quienes estén abiertos a considerar los mensajes) la unidad de nuestra existencia. Se nos empuja a conectar «de nuevo con lo que se ha perdido hace tiempo». Se nos recuerda que nada puede lograrse realmente a partir de una mente dividida.

Mucho se ha dicho en el pasado sobre la conexión de la humanidad con un «origen divino». A lo largo de eones de tiempo, hemos llegado a un punto en el que muchas personas sienten más desvinculación y disociación que nunca. Como dice Abe en repetidas ocasiones, nos hemos desvinculado de nosotros mismos, y necesitamos encontrar nuestro *camino de vuelta a casa*. Muchas de nuestras diferentes tradiciones ya no se corresponden con su mensaje o propósito original:

> Porque mucho se ha contaminado, como los cuchicheos en el juego del teléfono escacharrado, ha dado la vuelta al mundo demasiadas veces y ahora no se corresponde en absoluto con las palabras originales que se pronunciaron por primera vez. Lo veis: se ha perdido en la traducción.

No es necesario alargar el asunto ni complicarlo (como es la tendencia habitual entre los humanos). Se trata, como dice Abe, más bien de un «regreso». La verdad es tan simple que la hemos pasado por alto. Con el tiempo, las contaminaciones, o los malentendidos, se acumularon tanto que se nos hizo pensar que la respuesta *tenía que ser compleja*: «Pero no es así: es un "oh sí" casi unitario y podéis ver y seguir levantándoos y simplemente traer todo de vuelta adentro».

Ha llegado el momento de que la humanidad afloje la sujeción de su yo escindido. Muchas de nuestras tradiciones fueron útiles en su momento; sin embargo, ahora hemos de reconocer que muchas han dejado de serlo. Más aún, algunas de ellas se están sumando a nuestro estado de escisión y deben desecharse. No obstante, la elección solo puede ser nuestra y solo nuestra: «Pero mirad esto, lo hacéis fácil o difícil: todo depende de vuestra elección». En el pasado ha habido una gran cantidad de información y material comunicado. En el fondo, todos los genuinos dicen lo mismo. Ahora, se nos está empujando suavemente a simplificar; en otras palabras, a reducir el tamaño y el desorden. Abe dice que estas comunicaciones han surgido en este momento «para volver a lo esencial». La especie humana está evolucionando y muchas personas están despertando, o ya han despertado, de sus «estados restringidos». La humanidad ha estado sufriendo una «infección de la mente» que ahora debe sanar. Las comunicaciones con el *Continuum* han surgido en este momento para ayudarnos a que comprendamos y a volver a nosotros mismos, y a la resonancia del hogar.

Cada persona puede restringir, o resistirse a esta alineación con la resonancia del hogar; o *permitir* mucho más a través de la receptividad. Incluso las cosas sencillas son difíciles para nosotros en la forma humana, señala Abe. Tendemos a considerar las cosas que nos resultan fáciles como de poca o limitada importancia para nosotros. Nos hemos acostumbrado demasiado a la lucha por la vida: «Está claro que tenéis que participar en esta vida, pero no hay que luchar con ella, solo acogerla». La conexión con el *Continuum* no tiene por qué ser una especie de conexión física: levantarse y «enchufarse» a algo. Más bien, consiste en permitirlo. Si imaginamos que tenemos que «conectarnos» de alguna manera, entonces «simplemente hemos perdido la noción de ello. No se trata sino de *permitirlo*: respirar, asentarse y permitir». Cada uno de nosotros es ya un ser espiritual; solo hemos olvidado nuestra esencia vibratoria. Es, simplemente, una cuestión de recuerdo.

Y entonces, ¿cuál *es* el sentido de la vida? El *Continuum* nos responde diciendo: «Porque todo el sentido de la vida es vivir, y para vivir hay que permitir todo lo que se es». El ser humano es tanto físico como vibratorio. No hay ninguna doctrina o credo por el que uno deba vivir. Sin embargo, cualquier sentido de la vida se pierde cuando se mira desde una mente escindida: «porque se siente como si el mundo entero hubiera tomado un pedazo de vosotros y no estuvierais más que perdidos dentro del ruido fuera de vosotros mismos». Abe nos dice que «nunca habría una danza de la vida si uno tuviera que hacerlo solo». Y así, se nos insta a expresarnos de la mejor manera posible para nosotros. Y el sentido de la vida es *cómo* nos expresamos y avanzamos en el viaje del yo hacia el Ser. En última instancia: «el sentido de la vida –si es que ha de ser de algo– es esta EXPRESIÓN de una sola cosa... el sentido de la vida eres *tú*».

SEGUNDA SECCIÓN

Mente, cuerpo y espíritu

Los patrones de la comprensión humana necesitan reducirse «a lo esencial» antes de que podamos dar un verdadero paso adelante. La raza humana ha acumulado demasiado equipaje; gran parte del cual proviene de nuestros conceptos e ideas. Esto también es cierto, en gran medida, en lo que respecta a nuestro concepto de lo divino: «como dijimos, las cosas necesitan reducirse a lo esencial, y esto es así en cuanto a tu comprensión de lo divino y también de Dios». Hoy en día hay muchas personas que no se sienten atraídas por los términos o conceptos religiosos; sin embargo, esto no invalida el significado de una «fuente divina» o el conocimiento interno de una existencia mayor que el ser humano físico individual. Para muchas de estas personas, es necesario un nuevo reconocimiento, una nueva forma de sentirse conectadas a la existencia eterna más grande. En este sentido, Abe dice: «Para quienes no se sienten atraídos por ninguno de estos términos, y sentimos que ahora hay muchos, queremos decir que Dios, lo Divino, el universo, la fuente, no son sino una sola cosa: y eres tú».

Todo responde a un propósito en una etapa diferente de la evolución. Sin embargo, para avanzar, los conceptos y paradigmas más antiguos deben actualizarse y sustituirse constantemente. Es algo parecido a una carrera de relevos en la que, en determinados momentos, la persona que lleva el «testigo» debe pasarlo para que el siguiente corredor lo lleve a la siguiente etapa del recorrido. Lo mismo ocurre con los conceptos y los paradigmas de comprensión; en determinados momentos deben renovarse (es decir, pasarse) para el siguiente curso del camino evolutivo. Si esto no se hace, los conceptos más antiguos no sirven para la fase actual. Y a menudo esta constatación llega demasiado tarde o requiere un giro radical para compensarlo. Los viejos paradigmas no deben descartarse, sino que hay que desprenderse de ellos. Abe hace aquí una analogía entre una madre y el hijo: «no le dirías a tu madre "oh, bueno, me diste a luz hace mucho tiempo, ahora no sirves para nada", porque estamos en un gran ciclo en el que en algún momento volverás al principio y este será el devenir de siempre». Hay algo de verdad en la mayoría de los sistemas religiosos, por ejemplo, pero ahora «se diría que estas cosas están llevando a la humanidad en una dirección completamente opuesta a la que se pretendía». Tenemos que aceptar esto como una condición y no como un desprecio a la religión, ya que estas fueron las formas que nos sirvieron durante un periodo de nuestro crecimiento. Cuando un bebé se convierte en niño, necesita desprenderse de la ropa vieja porque ya no se ajusta al nuevo cuerpo. ¿Es un salto tan grande considerar/saber ahora que el Dios/Fuente no es otra cosa que «aquello en lo que estás"»?

Para decirlo de forma más sencilla: «Has estado durmiendo y es hora de despertar a aquello en lo que estás, que lo es todo». El tema del despertar se ha convertido en algo habitual en el vocabulario moderno, especialmente en los círculos denominados «Nueva era». Sin embargo, la analogía es adecuada, ya que literalmente necesitamos despertar de nuestro sueño perceptivo. La gente siempre tendrá sus propias creencias y esto, dice Abe, no debe descartarse. Sin embargo, lo fundamental aquí es ser capaz de ver lo esencial dentro y entre todas las cosas: «Pero lo que queremos que veas, que realmente veas, y no solo eso, sino que sientas –en la esencia central de tu ser– que incluso en este mundo de gran polaridad, te veo a ti en mí y a mí en eso». Este reconocimiento es también parte de lo que significa el *camino de vuelta a casa*. Se trata de despojarse de todo y volver a una «vibración de hogar» y alinearse con una resonancia de hogar. En primer lugar, tenemos que alinearnos con la vibración de nuestro planeta de origen. Nos hemos desprendido y escindido de nuestro entorno de origen y esto, principalmente, ha causado muchos de nuestros problemas. Necesitamos unificarnos primero: «Dentro de una consciencia dividida de «yo y el mundo» nunca vas a poder ver que eres una esencia vibratoria transaccional que no está separada de tu mundo, más bien, es una expresión de él». El ser humano altera la vibración con la que resuena. Este es otro aspecto del material de Abe: que todos somos seres transaccionales en relación. No hay separación, y esto se enfatiza más en el nivel energético, o vibratorio. Los niveles vibratorios son contagiosos, es decir, se propagan fácilmente. Tenemos un término para esto en nuestras ciencias: se llama *arrastre*. En física se refiere a que las oscilaciones (es decir, las vibraciones) entran en «alineación de fase». También es un término reconocido en psicología que hace referencia a «la relación cronobiológica, física y de comportamiento de un individuo con su entorno». Sabiendo esto, podemos entender que cuando los humanos están en un bamboleo vibratorio –fuera de equilibrio– esto afecta a nuestro entorno físico a través de la inducción vibratoria. No es de extrañar, pues, que veamos tanta disonancia y desarmonía en el mundo actual y en los sistemas naturales del planeta. Sencillamente, *no estamos sincronizados*.

Esta es otra razón por la que los mensajes de Abe/*Continuum* han surgido en este momento. Porque ahora la evolución espiritual en este planeta está ocurriendo rápidamente y esto está causando cierta angustia en aquellos sistemas que no están alineados, o no pueden alinearse con este proceso de transformación. Hay mucha lucha por parte de algunos elementos de la sociedad humana para retener las viejas estructuras, y esto simplemente no puede ser así. No se puede retener la marea (como descubrió el rey Canuto)[4]. A medida que el planeta evoluciona, también la humanidad pasa por diversos grados de desarrollo espiritual. Puede que haya habido épocas anteriores en las que la especie humana era más consciente espiritualmente, pero ahora debemos centrarnos en los tiempos actuales. Y la cuestión central aquí es que la especie humana «ha sido contaminada por algo externo a vosotros». En otras palabras, hemos depositado nuestra autoridad y confianza en agentes externos en lugar de en nosotros mismos. La humanidad se ha entregado con demasiada facilidad. En lugar de pensar que podemos elegir, deberíamos confiar en nuestro propio conocimiento. Las comunicaciones de Abe consisten en que reconozcamos el sentimiento profundo de que hay verdad en nuestro propio conocimiento y en nuestra relación con el *Continuum*: «para que lo sientas en lo más profundo de tu ser y resuene contigo en todos los niveles».

Este conocimiento interno de la verdad es un reflejo de la consciencia que relaciona al ser humano con otras expresiones de consciencia, como el planeta (así como otros planetas). Las vías neuronales dentro del cerebro están relacionadas con nuestra resonancia vibratoria, y esto nos relaciona con la Tierra. Abe se refiere a menudo al concepto de las vías neuronales y a cómo pueden adaptarse a medida que nuestra firma vibratoria también cambia. Un entendimiento básico aquí es que a medida que la Tierra cambie, resonará de manera diferente, y esto desencade-

---

[4] https://kripkit.com/la-leyenda-de-canuto-y-la-marea/

nará en ella misma, y también dentro de la humanidad, el establecimiento de nuevos patrones vibratorios: «Ahora escucha esto, a medida que tu planeta evoluciona y se transforma y cambia, resonará de forma diferente y, al igual que tu ser interno, también creará caminos diferentes». Siempre ha habido personas que han tenido las vías neuronales adecuadas para conectarse, a menudo inconscientemente, con el Campo Unificado del Ser. En tales personas nunca ha habido una pérdida de conexión, aunque no fueran conscientes de ello. Algunas personas, de forma natural, se han mostrado a quienes les rodean como si estuvieran «sintonizadas», según solemos decir. Otros han tenido esta conexión encubierta u oculta de alguna manera: «Y hay otros que a través de procesos evolutivos parecen haber desarrollado un enmascaramiento de esta conexión y el cerebro se desarrolla de manera diferente». Y, sin embargo, en todos los tiempos, la conexión con el *Continuum* siempre ha estado disponible, y siempre lo estará. Se puede decir que algunas personas simplemente tienen un sueño más profundo que otras.

Todas las personas que han caminado sobre este planeta han tenido esta conexión con el *Continuum*: no puede ser de otra manera. Algunas personas, como aquellas a quienes nos hemos referido como «Maestros», son las que han tenido un contacto consciente con el *Continuum*. Esto también se aplica a las tradiciones de enseñanza conocidas que han expresado, en diversos grados, las verdades de esta relación entre el ser humano y su contacto con una Unidad eterna del Ser. No es necesario apartarse de la vida para mantener este contacto. Por supuesto, puede haber momentos en los que demasiados estímulos o distracciones interfieran, en cuyo caso un retiro o alejamiento temporal de las muchedumbres de la vida física puede ayudar. Sin embargo, a largo plazo, no hay necesidad de dejar de participar en la experiencia de la vida física: «La única manera es ser de ella y estar en ella; no hay verdad en las cumbres, sino aquí, en medio de todo, en las polaridades de la existencia, sabiendo que todo es bastante ordinario pero al mismo tiempo aparentemente extraordinario».

La vida es ordinaria y extraordinaria al mismo tiempo. Esto forma parte de la polaridad de la existencia física; al igual que existe el cuerpo tangible y sus vibraciones intangibles. Las ciencias humanas llevan mucho tiempo estudiando el fenómeno de las vibraciones. Tal vez con el tiempo esto llegue a constituir el núcleo de nuestras ciencias en lugar del afán empírico de medir y precisar todo. La vida nunca se entenderá del todo si se examina cortándola en pedacitos: «Ustedes son seres humanos de su mundo, pero siempre tendrán que medir y cortar y rebanar y así no obtendrán la imagen completa». Para que la totalidad unificada pueda verse a través de los patrones físicos de compartimentación tendrá que haber una fusión. En este sentido también se aplicará una mayor comprensión científica para reconocer la naturaleza vibratoria de la salud corporal.

La ciencia del cuerpo y la salud

La vibración está en el núcleo de todo, incluida la forma en que consideramos la salud humana: «La vibración es una esencia fundamental del cuidado de la salud, porque la vibración es el lenguaje de la vida». Si una persona está fuera de la alineación vibratoria con su propio ser, esto crea una disonancia dentro de ella: un bamboleo fuera de sincronización. Cada cosa manifestada tiene una firma vibratoria y esta constituye la red de comunicación. Cuando entramos en contacto con la firma vibratoria de otra persona, nuestro propio ser está enterándose de su estado; lo mismo ocurre con la gente, la comida el medio ambiente, etcétera. Como dice Abe: «Todo tiene una firma vibratoria, de modo que lo mismo ocurre con lo que pones en tu cuerpo, porque eso es lo que le dice al cuerpo cómo es el mundo exterior: si está prosperando o no». Debido a esta interrelación de las vibraciones, es importante que seamos conscientes de «las vibraciones de las cosas que introducimos en nuestro cuerpo» y «las de vuestra propia firma vibratoria». Esto se relaciona muy bien con el significado de la comida y el tipo de alimentos que comemos. Sobre esto, Abe señala un punto muy importante:

> Podrías tener toda la mejor comida, y comer bien y hacer ejercicio, pero si tu propia esencia vibratoria es la de carencia de que estás comiendo esta comida nutritiva, entonces no estarás mejor que comiendo toda la basura del mundo. Porque verás, hay personas que están extremadamente en forma en el mundo y tienen problemas de salud porque no están alineados con su propia vibración y con la que están poniendo en sus cuerpos.

Con respecto a esto, hay mucho conocimiento de sanación que simplemente no está disponible para el público; o bien, está siendo deliberadamente retenido de la circulación general. Gran parte de los conocimientos relativos a los estados vibratorios se han conservado en algunas comunidades auténticas y/o indígenas, pero se han descartado en gran medida en las culturas modernas o se han dejado de lado por ser «místicos» o «nueva era». La ciencia de la salud moderna se ha centrado en el camino racional y lógico, y este enfoque ha apoyado en gran medida la «economía sanitaria», pero en detrimento del enfoque global y holístico de la salud humana. Desgraciadamente, la medicación se considera un negocio rentable y habrá una considerable resistencia al cambio desde dentro de las industrias médicas: «Pero ya ves, tu propio sistema se ha construido ahora sobre tales bases y será difícil restablecerlo sin una contienda de alguien que quiera atenerse a un cierto tipo de pasado». Sin embargo, esta forma de proceder es unilateral y provoca una disonancia dentro del paradigma de la salud.

La salud siempre ha sido fundamentalmente una cuestión personal, solo que en los últimos años muchas personas han situado sus decisiones sanitarias fuera de sí mismas. La gente está perdiendo la fe y la confianza en tomar sus propias decisiones y en seguir su «instinto». Cada persona sabe instintivamente cuando algo no está bien con/en su interior: «Veréis, si estáis en sintonía con vuestro ser, sabéis cuando algo no va bien en vosotros mismos y en vuestros cuerpos, y sabréis cómo nutrir vuestro cuerpo para que vuelva a estar en equilibrio». Al mismo tiempo, no hay que despreciar la vida física o el razonamiento externo. Se trata de establecer un equilibrio entre ambos, y de observar las propias creencias profundas y estar preparado para dejar de lado los modelos o las ideas que ya no nos sostienen ni nos nutren. El cuerpo humano también forma parte de la evolución, pero no cambia con el mismo grado que es posible en el nivel de la consciencia. A medida que la resonancia de la consciencia cambia, también el cuerpo debe adaptarse para ajustarse a ella. Existe esta correlación entre el cuerpo y la consciencia: el cuerpo alberga o, más bien, es un canal para la consciencia. A medida que la tasa vibratoria de la consciencia cambia, el vehículo corporal tendrá que adaptarse a ello. En este caso, el cuerpo físico se volverá menos denso. Esta interrelación entre la densidad física y la vibración de la consciencia es una progresión natural, ya que ambos están en resonancia. Una cierta cantidad de densidad física es necesaria para tener la expresión de la vida en la Tierra. Al mismo tiempo, hay periodos en los que la expansión a nivel de la consciencia se hace necesaria. La humanidad ha entrado ahora en uno de esos períodos: «Queremos que veáis que se avecina una expansión evolutiva que permitirá a vuestra especie ampliar su consciencia hasta donde estamos nosotros. Pero escuchad esto, siempre será de una densidad que coincida con la de vuestro planeta».

Todo está en correlación y cambiará para mantener la resonancia. Así es como evoluciona toda la vida, la de las personas y la del planeta. Estos cambios se producen a lo largo de grandes períodos de tiempo; no son saltos de la noche a la mañana; tal es el camino de la armonización. Los cambios no serán dramáticos debido a la esencia de la densidad del planeta Tierra: «Siempre es algo inter-relacional, y no tendréis más ligereza o transparencia que la de vuestro planeta Tierra porque esta es más bien densa, aunque cambiante, en su esencia vibratoria». La humanidad no puede superar al planeta; por el contrario, es el momento de «enraizarse» y entrar en resonancia con el planeta Tierra: «El propósito de la evolución consciente en este momento es echar raíces profundas en vuestro planeta». Si el planeta está haciendo cambios vibratorios con los que los habitantes (es decir, los humanos) no están en resonancia, entonces la vida en el planeta será cada vez más incómoda para sus residentes. Todo está interrelacionado, y esto incluye la frecuencia planetaria, así como los alimentos que se producen e ingieren. Todos estos aspectos reflejan la salud general de una persona. Todo existe y participa dentro de un «sistema de comunicación vibratoria». La ingesta de alimentos también permite al cuerpo humano conocer su entorno vibratorio; de este modo, los alimentos, y las sustancias que el cuerpo absorbe del exterior, actúan como portadores de información vibratoria. Y en la actualidad, la humanidad se encuentra en un desequilibrio vibratorio.

> El estado actual es que se ha alejado de su propio equilibrio armónico con el de la Tierra. Ver que

vuestra Tierra sufre es constatar que vosotros mismos estáis padeciendo. Estáis creando una disonancia de comunicación vibratoria a costa de las toxinas y los productos químicos que se están utilizando en la actualidad y, con ello, generando una disonancia cognitiva.

En este sentido, se nos advierte que existen formas de contaminación vibratoria que puede provenir de fuentes externas, tanto de los alimentos como de otras personas. Las sociedades humanas generalmente han apoyado y alabado a las personalidades dominantes; sin embargo, estas personas dominantes también representan «firmas vibratorias» dominantes que a menudo no están sincronizadas con la resonancia requerida. Estos patrones vibratorios dominantes no son buenos para el planeta ni para los sistemas de vibraciones interrelacionadas: «pero ya veis, la fuerza dominante se enseñorea y, por tanto, todo lo que no permita satisfacer y ser beneficioso para el sistema no va a ser saludable ni nutritivo».

Los patrones vibratorios dominantes también afectan al cuerpo/mente, ya que este también es un mecanismo/aparato inter-relacional para la expresión de la «esencia vibratoria única» de una persona.

La ciencia de la consciencia y la mente

El cuerpo humano da a la persona una forma física definitiva. Sin embargo, «no hay una parte específica de ti que tenga tu forma». La consciencia es una cuestión «de conexión y no de forma». La expresión de la consciencia de cada persona dentro del cuerpo-mente conforma una «firma vibratoria» específica que es única para cada persona. El cerebro actúa como un filtro que procesa esta firma vibratoria. Si el cerebro de una persona ha sido programado con un condicionamiento social particular, estas afectaciones se expresan, o se les da color, a través del filtro. El resultado es lo que se denomina «personalidad» o «personaje» de una identidad determinada. La personalidad social es una vibración con forma, y la gente resuena con esta forma. La forma es un «punto de atención» donde el cerebro crea la firma vibratoria que conocemos como mente:

> La mente no es una parte de la consciencia; es una parte de lo que es el cuerpo. Es la firma invisible, tu firma vibratoria, que habla en términos vibratorios y resuena. La consciencia está desprovista de forma: es el punto cero. La mente no es la consciencia, sino tu lenguaje vibratorio de vuelta a la consciencia.

Y así, cuando «se retira la mente», por así decirlo, «se permite que la consciencia pura fluya». Sin embargo, la gente ha sido condicionada a identificarse con su personalidad (y su ego), lo que bloquea o amortigua el flujo de la consciencia pura. Pero el ego humano es algo de lo que no podemos desprendernos por completo, ya que forma parte de nuestro funcionamiento cuerpo-mente. «Nunca se puede dejar de lado, se trata de encontrarse en el medio. En el conocimiento de ello como unificación, nunca lo uno o lo otro». En este «encuentro en el medio» quizás podamos «reducir» un poco nuestro ego humano y alejarnos conscientemente de él. Lo que obstaculiza el flujo de la consciencia es el apego inconsciente total al ego y a la personalidad.

El flujo de la consciencia es fundamental para la continuación de la evolución humana; al permitirlo también permitimos que la vida se mueva. La consciencia no solo debe fluir, sino que también debe estar alineada con la materia, ya que la materia y la consciencia están unidas: esta es la «clave evolutiva».

La consciencia y la materia son, ambas, formas de energía vibratoria, aspectos de la misma cosa: no hay separación. Es importante darse cuenta de esto sin quedar atrapado en los extremos de la mente (meditación) y del cuerpo (materialismo). La fusión significa ser parte de todo ello: «Sentir todo esto, ser parte de todo lo que hay y también ser capaz de conocer la verdad expansiva mientras se está aquí en la materia física, ¡vaya experiencia! Qué vida. Estar con ello, sentirlo desde el centro de tu ser, y lo más importante: participar». Las vibraciones, y las vibraciones de la consciencia, unen la existencia como una red resonante que la percepción humana es incapaz de captar. Son los propios seres humanos los que, a sabiendas o sin saberlo, se cierran a una comunicación vibratoria mayor. Cuanto más nos unamos a esta red de comunicación vibratoria, más se expandirán esta armonización y alineación: «Al estar más disponible para ti toda la alineación vibratoria, esta red de comunicación se expandirá infinitamente».

La alineación vibratoria también está relacionada con la forma en que nuestros cerebros individuales están «cableados». Y los cerebros de las personas se desarrollan de forma diferente, principalmente por su exposición a diferentes formas de condicionamiento social. Ciertos condicionamientos sociales bloquean la conectividad natural del cerebro; y parte de este bloqueo ha sido deliberado. Por eso, podemos preguntarnos: «¿cómo podrían volver a venderte tus partes si primero no las reacondicionan y las rompen?». La humanidad ha sido «engatusada» para que juegue a un juego que desconoce en gran medida; y hemos pensado «que de eso se trata la vida». Pero esto no es la verdad, ya que la vida es mucho más que eso. Sin embargo, para muchas personas, «todo el cableado está mal». Y mediante este cableado social – la programación de la vida– mucha gente ha sido hipnotizada: «porque habéis sido hipnotizados por el colocón de la sociedad moderna y al volver a esto todo parece bastante aburrido, bastante poco especial. Pero veréis cómo el que está despierto sí verá lo extraordinario dentro de lo ordinario». Parte del síndrome de «los cables están mal» contribuye también a la «epidemia de depresión» que simboliza la disonancia. Esto se debe a que «la gente se siente desgarrada entre la alineación vibratoria y el recableado de las alineaciones vibratorias del cerebro. Podéis ver que ahora la depresión también puede ser una falsa premisa para manteneros en este juego...».

Hay que reconocer que hay algunas personas, o grupos de poder, que utilizan estos procesos para manipular a la gente y mantenerla en un sueño perceptivo. Al mismo tiempo, hay muchas personas que no muestran ningún interés en despertar de su letargo: «y también es así como la gente está establecida, no le interesa en absoluto levantarse de su asiento porque tiene todo lo que necesita aquí mismo, ¿no es así? ¿Por qué cuestionarlo?». Hay quienes están contentos y satisfechos con tener la comida en su mesa y no desean sacudir el sistema más allá de esto. De tales personas, Abe dice: «Algunos pasarán toda una vida y no habrán vivido ni un solo momento verdadero en toda su existencia. Qué vergüenza. Qué desperdicio».

Otro aspecto del condicionamiento humano es el de nuestras emociones. Todas las vibraciones se *sienten*; luego se filtran a través de nuestra mente y se transforman en «una cosa». Hacemos de nuestras emociones «cosas» separadas; les asignamos condiciones, reglas y categorías. Estas «cosas» pueden ser explotadas y manipuladas por eventos externos (medios de comunicación) u otras personas. Deberíamos ser más conscientes de que estas *vibraciones sentidas* se vinculan a objetos y cosas externas, ya que son estos objetos externos los que pueden aplicar la ingeniería inversa a nuestros propios sentimientos. La conclusión es la siguiente: debemos acoger con alegría el hecho de ser humanos; es importante que *seamos humanos*. Al fin y al cabo, ese es el objetivo de esta experiencia vital: «Los humanos tienen defectos y aceptarlos es una forma de resonar más alto». La gente suele provocar su propio malestar al luchar por estar «en algún lugar más alto» cuando en realidad «todo está aquí y solo la mente escindida es incapaz de ver». Realmente, somos humanos; y al mismo tiempo, «somos una larga pista de vibraciones y materia, y de ciclos interminables de vida y forma». Sabiendo esto, ¿cómo puede alguien estar verdaderamente escindido? La vida y la consciencia son aspectos de una belleza indivisa. Todo ya es.

En la existencia física, sin embargo, toda vibración «está distorsionada de una u otra manera». Es nuestro propósito interno, si se puede llamar así, cambiar a una resonancia de unidad. Cada «firma vibratoria» individual está compuesta por muchas vibraciones diferentes y, sin embargo, como dice Abe, «es como el agua que pasa por un tamiz: entera, separada y entera de nuevo». Nuestra banda de vibraciones (nuestra «firma») puede tener diferentes aspectos vibratorios, y sin embargo podemos integrarlos. La corriente pura de consciencia fluye a través del cuerpo humano y es filtrada e interpretada por el cerebro. Este flujo de consciencia se «transforma» según la programación condicionada del cerebro (nuestros «filtros»). El resultado es la firma vibratoria única de una persona. Sin embargo, lo que expresamos en nuestras vidas es un aspecto coloreado o «transformado» de la consciencia pura: «Lo que realmente estamos tratando de decir es que sí: vuestra propia firma vibratoria siempre cambia la vibración». El objetivo entonces, si es que hay uno, es permitir que esta corriente de consciencia fuente fluya más directamente a través nuestro y hacia la vida: esto representa el «flujo universal». Utilizando de nuevo la analogía del agua, un filtro de agua (la persona) puede tener contaminantes que afectan a la pureza del agua; y esto es un obstáculo. Así que, dice Abe: «¿Por qué no quitar el filtro y permitir que la consciencia pura fluya eliminando la intermediación innecesaria? Esto no significa ser mangoneado y pasivo, sino tener una experiencia directa de la vida». Siempre habrá, y siempre ha habido, gente que intenta manipular este flujo de energía para sus propios fines. Sin embargo, esto no se puede hacer si la gente no se somete a estas manipulaciones: todo es parte del todo. La totalidad es el fin y el principio de todas las cosas: el *alfa* y el *omega*.

En el *Continuum* no hay nada «más allá», ya que es lo que contiene TODO: «estamos donde está y de donde nace toda forma y a donde finalmente regresará». Toda la existencia, todas las formas de vida, están dentro de esta totalidad: la Unidad. Todos compartimos la misma consciencia. Somos el *Continuum*, y el *Continuum* somos nosotros. Cuando estamos dentro de la expresión de vida física densa, restringimos este flujo al estar demasiado absortos en nuestra propia vibración. Como en la analogía de las muñecas rusas, la humanidad se confina en la más pequeña de las muñecas y nos hipnotizamos en esta burbuja de vibración limitada. Sin embargo, como todo es esencialmente un aspecto del *Continuum*, es casi como si todo lo que existe mantuviera una conversación consigo mismo: «Como si todo el universo estuviera loco, hablando solo». Y al mismo tiempo, «puede haber una miríada de expresiones de una sola cosa. Qué maravilloso es ver eso». Se nos insta a que lo permitamos más; a que al «soltar» permitamos que «entre más»; en otras palabras, a dejar de lado nuestras restricciones de identidad del ego. La vida no es aterradora, se nos dice; al contrario, no es más que «una gran expresión de una cosa y podéis seguir adelante y solo vivir, simplemente participar». A menudo nos restringimos por miedo a la pérdida del yo. Qué irracional y contradictorio parece esto ahora: temor perder el yo al permitir que el Ser fluya. A lo largo de nuestra historia humana hemos querido demostrar que «yo soy yo» y «yo existo» cuando en realidad solo estábamos reforzando nuestras identidades falsas o menores. Si la gente pudiera «soltar esto un poco, vería que hay mucho más a lo que abrirse, mucho más que recibir».

Se puede decir que los artistas, tal como los escritores y los inventores, son personas en las que hay un mayor flujo de esta consciencia pura. La «musa», como se ha llamado, es esta inspiración que se obtiene al permitir que el *Continuum* fluya a través de la propia firma vibratoria. En la civilización humana se han sembrado grandes ideas a través de las creaciones de personas artísticas. Siempre ha habido personas «abiertas» que han servido como canales para que este flujo de consciencia se fusione con la expresión material. Antaño se hablaba de esto como el «don de los dioses»: en el sentido de «todo el universo hablando consigo mismo para poder conocerse a sí mismo. Estas cosas se ponen en marcha a modo de pequeños indicadores para despertaros, como relojes de alarma repartidos por todo el universo». Y es importante que nos demos cuenta «de lo grande y maravilloso que es realmente estar en la forma». Ahora se nos insta a que nos arraiguemos, dentro de nosotros mismos y con nuestro entorno. Antes de ir a lo más alto, tenemos que volver a nosotros mismos. Por ejemplo, mucha gente habla de una «consciencia más elevada» y esto nos hace pensar inevitablemente en salir de nosotros mismos hacia otro estado. Sin embargo, como explica Abe «la consciencia superior es, de hecho, ese camino, no un lugar más elevado al que llegar, sino una resonancia en la que estéis más acostumbrados a estar, más abiertos a recibir». Quizá deberíamos sustituir el término «consciencia superior» por «resonancia receptiva». Una vez más, esto no significa que tengamos que buscar una resonancia en particular, como si estuviéramos en un grupo de búsqueda. En primer lugar, se trata de la «noción de llegar a captar aquello en lo que se está. Nunca hay un lugar al que llegar, solo un conocimiento de que esto es como es».

Existe el riesgo de que, al alejarnos demasiado de nosotros mismos, podamos provocar una mayor disonancia. Es un rasgo humano sentirse compelido a buscar soluciones y respuestas fuera de nosotros mismos; y al hacerlo, desencadenar un mayor desequilibrio y mal-estar en nuestro interior.

Salud, enfermedad y disonancia humanas

En los últimos años, el cuerpo humano ha experimentado un aumento de la disonancia, parte de la cual proviene de nuestra dieta, de los tipos de alimentos que consumimos y de los productos químicos utilizados en la producción moderna de alimentos. Sin embargo, todo lo que hacemos es un reflejo de nuestros propios estados; y esto incluye la forma en que producimos y consumimos los alimentos. El origen de nuestros errores es nuestra propia falta de auto-comprensión: «si realmente pudierais comprenderos a vosotros mismos, no querríais introducir en vuestros cuerpos las cosas que metéis». Los alimentos que ingerimos se mezclan con nuestra alineación vibratoria. Y con el aumento del uso de alimentos modificados genéticamente se produce un incremento de la modificación vibratoria. Todas estas vibraciones se extienden y también afectan al planeta, ya que este siempre está interrelacionado: «Es necesario estar más abierto y comprender estas esencias vibratorias de la vida y la conexión inter-relacional de todo». Nunca llegaremos a comprender realmente el significado de la salud hasta que no nos demos cuenta y reconozcamos que somos seres vibratorios. Podemos ocuparnos de la «mecánica», pero también tenemos que ocuparnos de nuestra firma vibratoria: «Esto significa que también adquieres la firma vibratoria de aquello que comes». Como reza la expresión: «si entra basura sale basura»[5]. Si los alimentos que introducimos son de baja calidad –es decir, de baja vibración–, esto afectará al estado vibratorio del cuerpo. Es importante que nos hagamos conscientes de que como humanos además de físicos somos vibraciones.

La enfermedad también llega a través de la adicción, que refleja una visión del mundo como algo desconectado. En el mundo hay muchas ideas e ideales falsos que crean disonancia. La gente a menudo se siente estresada y presionada a vivir de acuerdo con una creencia, un ideal, un concepto u otro. Y algunas personas desean escapar de esta energía de disonancia y desconexión. Y este escapismo puede adoptar muchas formas. Algunas personas «tal vez estén obsesionadas con cambiar de amante o sean adictas a la comida o al sexo o al trabajo. Verás, cualquier cosa puede ser, en cierto sentido, una adicción para escapar de esta vida. Supongo que es lo que la gente elige como vicio». La conclusión es que la disonancia vibratoria causa enfermedad; y esto es tan cierto para la adicción como para el cáncer. Como dice Abe con respecto a la enfermedad: «Siempre comienza como una disonancia, siempre». La enfermedad, por supuesto, puede llevar a la muerte; y la muerte es uno de los conceptos más incomprendidos dentro de la humanidad. También es un asunto que crea un gran temor en muchas personas. No hay nada malo en llorar a un amigo o a un ser querido que se ha ido; esto también forma parte del ser humano. Tenemos que permitir que este dolor

---

5   N.T.: En el texto original «Garbage in, garbage out» expresión que hace referencia a la idea, en informática y en otros campos, de que las entradas incorrectas o de pobre calidad producirán salidas defectuosas.

surja y se exprese, si es necesario. Como nos recuerda Abe en esos momentos: «No hay que desapegarse de la vida; lo veis, en la belleza de ese sentimiento sincero de la liberación de otro, te sientes vivo. Eso es belleza, eso forma parte del ser humano».

La muerte no es el final. El cuerpo queda atrás, pero la firma vibratoria que eres «tú» continúa. Y sin el cuerpo físico, no hay más escisión: «Cuando no tienes cuerpo ya no estás fragmentado, has vuelto a la totalidad, eso es todo». Saber que la muerte física es una etapa de transición y no un final puede alterar profundamente la forma en que las personas viven y entienden sus vidas. La comprensión de la transición a través de la muerte es fundamental. Es un cambio de forma; y la forma humana es parte de un ciclo que viene de la totalidad y vuelve a la totalidad. Como dice Abe: «Hay una profunda belleza en este proceso. Ha habido mucho miedo en torno a la muerte, y es comprensible en cierto modo ya que tu mente funciona con las polaridades de la vida». La esencia vibratoria humana es una parte de esta totalidad y no está separada de ella. La vida es un proceso y a lo largo del mismo hay diferentes etapas, y estas etapas también tomarán diferentes formas. Después del proceso de muerte, la esencia vibratoria que es el «Tú» ya no se mantendrá dentro de un cuerpo físico. Nada se pierde; todo se conserva: «una totalidad en la vida o la consciencia que se expresa constantemente, que habla continuamente consigo misma».

En cierto sentido, la totalidad de la que formamos parte ha vivido, y vivirá, todas las vidas. Se puede decir que la existencia es cíclica, en el sentido de que existe esta continuidad de la forma y la no-forma; pero se trata de un concepto diferente al de la reencarnación. El concepto de reencarnación se ha visto empañado por connotaciones religiosas, sobre todo por la idea de que el «alma» de una persona debe volver a seguir aprendiendo lecciones para «hacerlo bien»: «la religión impuso la idea de un ciclo que vuelve una y otra vez hasta que finalmente haces lo adecuado. Hay algo de verdad en el sentido de que la vida es cíclica, pero no en el de que hay que conseguir que esta vida sea la correcta». Las implicaciones morales fueron impuestas por las mentes humanas. En esencia, la existencia continúa a través de innumerables expresiones de forma y no forma: «La vida se mueve, atraviesa ciclos, la vida es cambio y la vida es consciencia». Aunque en la forma física humana tengamos que llegar a nuevas comprensiones, en esencia ya somos lo que somos: el ser humano «no tiene que alcanzar un estado superior para que se le acepte con los brazos abiertos y se le diga «buen trabajo». El sentido de estar aquí ahora es despertar a lo que ya somos. Lo que esto significa es que no estamos aquí en una expresión de vida humana para aprender a ser «mejores en esencia» o para convertirnos en algo «distinto» de lo que ya somos: estamos aquí para ser una expresión consciente de lo que ya somos. Abe ofreció una historia simple pero elegante para expresar esto, que vale la pena citar en su totalidad.

> un bebé canguro abandonado por su madre fue acogido por una manada de hienas. Todo iba bien hasta que un día el canguro ya crecido se topó con otro canguro que pegó un salto, y nuestro canguro quedó maravillado por esta criatura. El canguro trató de ser como el otro, pero no pudo, hasta que un día las hienas le dijeron que él también era un canguro como el que había visto, y en ese momento de conocimiento fue capaz de brincar y saltar como los otros.

No se trata de aprender lecciones, sino de recordar, de *conocer*. Es «como volver a conectar la línea telefónica que habías dejado descolgada». Es conmovedor que el *Continuum*, a través de Abe, nos diga que siempre tenemos todo lo que precisamos y que, por tanto, lo único que necesitamos es verlo. En el estado cero, todo es totalidad. Imagina esta totalidad como una sola flor. En la forma, cada expresión de vida es como un pétalo; y cada pétalo tiene su propio aroma único y distinto aunque provenga de la misma flor unificada.

Es dentro de la escisión donde surge la disonancia; y de la disonancia proviene la enfermedad. La disonancia vibratoria puede producirse cuando diferentes vibraciones se rechazan o repelen entre sí. En este caso, no hay armonización ni atracción. Del mismo modo, puede haber una contaminación vibratoria de una vibración dominante o pesada: «Mira esto, cuando entras en una habitación y ha habido una discusión sientes la densidad en esa habitación. Sientes como si todo tu ser estuviera cargado: este es el verdadero significado de la energía oscura». La disonancia se produce cuando dos vibraciones diferentes intentan mantenerse al mismo tiempo: hay un desajuste. Abe brindó una explicación sencilla:

> Tómatelo así, odias el brócoli. Tuviste una mala experiencia y te pusiste muy enfermo cuando de niño comiste un poco. Ahora llega el médico y dice que el brócoli es lo único que te hará mejorar hoy: tienes una disonancia vibratoria total. Mira, la vida es tal como la experimentas y con ello tu propia firma vibratoria se está entrelazando.

El cuerpo humano se habla a sí mismo vibratoriamente, y en esta comunicación tiene que haber armonía. La vibración corporal tiene que estar en resonancia con «aquello que eres», es decir, con tu firma vibratoria, así como con el entorno. Esto es importante cuando lo relacionamos con nuestra dieta. Como se ha mencionado anteriormente, cuando el cuerpo ingiere algo del exterior (como la comida), esto le informa del estado vibratorio externo. Si una persona ingiere algún alimento procesado en una fábrica, que está vibratoriamente muerto, esto comunica a las células del cuerpo que el entorno externo está vibratoriamente muerto. Y en este caso: «la firma vibratoria bajará porque le dirá a las células que actúen de cierta manera». Así, al consumir una dieta mala, como la basada en alimentos procesados en fábricas, una persona está bajando su sistema inmunológico y su estado vibratorio. Y esto también funciona a la inversa. Si una persona solo come alimentos orgánicos y sin embargo su vibración interna no coincide con ello, eso también crea disonancia. En definitiva, tiene que haber una coincidencia vibratoria, una resonancia. Abe brindó un ejemplo revelador aquí:

> Había una señora que solo comía frutas y verduras orgánicas frescas, nunca fumaba ni bebía, hacía ejercicio regularmente, y aun así murió a los 35 años de un ataque al corazón. Esto se debió a que su disonancia vibratoria fue causada por la firma vibratoria que tenía debido a su tristeza. Estaba tan centrada en su salud y bienestar que se olvidó de sus relaciones, y por ello sintió esa disonancia en su corazón. La vida es siempre una cuestión de equilibrio, siempre.

La disonancia también puede ocurrir cuando nos cerramos al flujo de la vida. Cuanto más abiertas estén las personas a este flujo de la vida (consciencia pura), o *Continuum*, más se desprenderán de sus mentes constreñidas. Porque cuando hay más espacio, por así decirlo, se permite que las cosas se muevan. Son nuestras mentes restrictivas las que a menudo nos impiden ver verdades mayores, como en el caso del ADN humano.

En un momento dado, las ciencias se refirieron a una gran parte del ADN humano como «basura», un concepto bastante ridículo que mostraba que los científicos humanos aún no habían entendido cómo «decodificar aquello a lo que no están abiertos». De hecho, el ADN humano es en gran medida el código vibratorio de la vida, es la memoria vibratoria: «Porque en este código vibratorio tienes todo el conocimiento de quién eres». El ADN es también un receptor de código vibratorio, como una antena corporal. En este sentido, cada persona lleva el código vibratorio de donde ha venido, a través de sus padres; sin embargo, también podemos «recibir una nueva estructura de ADN abriéndonos a esta consciencia». Al fin y al cabo, así es como funciona la evolución. La humanidad puede permitirse evolucionar hacia adelante recibiendo nuevos códigos vibratorios en su ADN. En otras palabras, en el ADN humano está programado un «banco de memoria» de la evolución, de forma similar a como un ordenador recibiría una nueva actualización de software. Esta actualización vendría en forma de una resonancia diferente que se uniría, o fusionaría, con la existente para formar una nueva resonancia de ADN: «Porque cuando se crea un nuevo ADN se unen lo que son dos resonancias y se crea una nueva; y se podría decir y esperar que mejore, que evolucione». Hay algunas personas que continúan colocando el poder fuera de ellas mismas y se involucran en prácticas tipo «nueva era» para cosas como la «activación del ADN» cuando «realmente no hay necesidad de ello». Como dice Abe, tales prácticas «despiertan a la gente para que sea más abierta, pero muchos quedan atrapados en ellas». El ADN no se limita a la Tierra o es exclusivo de este planeta, sino que es un código cósmico: es el código de la vida en todos los planetas y funciona exactamente igual para todas las especies en todo el cosmos». Incluso algunos científicos han apoyado esta idea mediante el concepto de *panspermia*. Esta hipótesis propone que cuerpos cósmicos como los cometas pueden transportar el ADN a través del espacio y entre planetas dentro de ciertas formas de vida, como las bacterias. El científico galardonado con el premio Nobel y codescubridor del ADN, Francis Crick, fue un paso más allá y apoyó la hipótesis de la *panspermia dirigida*. Esto sugiere que los microorganismos, como portadores cósmicos de ADN, son enviados (o transportados) deliberadamente a través del espacio –por ejemplo, por una civilización extraterrestre avanzada – para sembrar nuevos sistemas planetarios, o para sembrar planetas sin vida.

En esta etapa actual, la humanidad se encuentra en el proceso de cambiar de una evolución física a una evolución consciente. En este sentido, el ADN actuará como receptor de la vibración (códigos vibratorios) permitiendo este proceso y «reuniendo» la resonancia necesaria. Todo esto forma parte de la expresión –la danza– de la vida. Además, estas nuevas resonancias vibratorias crearán nuevas vías neuronales y, por tanto, nuevas conexiones. Esto afectará a la estructura del cuerpo físico humano: «A medida que la esencia vibratoria se eleve en vuestro planeta, vuestros cuerpos no serán tan densos y esto permitirá que el organismo prospere durante más tiempo». Como parte de esta «evolución vibratoria» –una evolución de la consciencia– el cuerpo humano vivirá más tiempo porque «no estará tan presionado». El cuerpo humano está preparado para prosperar o adquirir una prolongación de la vida. Esto también afectará a la forma en que nuestras sociedades y culturas entiendan y respondan al hecho de que el cuerpo humano viva más tiempo.

TERCERA SECCIÓN

Sociedad y cultura humanas

Buscar la verificación en fuentes externas es un rasgo humano normalizado. Incluso cuando dejamos la escuela, una parte nuestra sigue siendo como un colegial. Aceptamos los hechos y la información de fuentes externas sin cuestionarlos. Aceptamos lo que nos han contado sobre nuestra historia, nuestra cultura y otras culturas. Hemos llegado a considerar que todo lo que «no es nuestro» tiene que estar fuera de nosotros. En otras palabras, estamos nosotros y luego está todo lo demás. Si algo no es físico o tangible para nosotros, tendemos a descartar su existencia o relevancia. Estas son las limitaciones que nos imponemos a nosotros mismos: «Solo os limitáis a vosotros mismos cerrando el paso a aquello en lo que estáis». Todo está en flujo, en constante movimiento. Esto incluye tanto los ciclos de la civilización como los fenómenos naturales de todo el planeta. Al limitarnos al materialismo físico y a los patrones de estabilidad, perdemos el acceso a las vibraciones y a la frecuencia que acompañan a estos períodos de cambio. Y ahora mismo estamos inmersos en uno de esos periodos:

> Vuestro planeta y el cosmos están en constante cambio, y los que se resisten y se aferran tanto a lo que creen, y no pueden avanzar en esto, seguramente no podrán mantener sus propias cabezas fuera del agua debido

a las nuevas vibraciones, producto de esta nueva energía.

Las vibraciones son «nuevas» para nosotros en un sentido físico: en cómo y cuándo las experimentamos a través de nuestros cuerpos físicos. Hemos entrado en un momento planetario en el que tales «nuevas vibraciones» y energías se manifiestan con mayor intensidad. Como siempre ocurre, hay quienes eligen resistirse a estos «momentos» y luchan por mantener los viejos patrones. Por lo general, se trata de personas que tienen intereses creados en las formas más antiguas, o aquellos que no son susceptibles de cambiar (o han sido condicionados en contra). Las aperturas destructivas también traen consigo oportunidades de crecimiento: «Cuando la semilla se abre podría considerarse completamente destructiva, cuando en esencia está brindando nueva vida». La nueva vida tendrá que abrir la vieja cáscara para poder surgir. Solo cuando vemos estas cosas separadas, aisladas, nos parecen oscuras o negativas. Estos son tiempos para enraizar esta nueva energía, para permitir que se fusione con esta realidad. A medida que más cantidad de esta energía fluya en esta realidad, más barrerá los vestigios de lo viejo. Al aferrarnos a la energía saliente, nos apegamos y nos enredamos en viejos patrones que ya no nos sirven.

Cuanto más enraicemos esta nueva energía, más perturbaciones se sentirán inicialmente: «En cuanto a la respuesta de si hay un aumento de las perturbaciones, diríamos que sí; ya que hay muchos que están enraizando esta vibración». Y sin embargo, las perturbaciones se sentirán aún más en aquellos sistemas que ya no pueden sostener las nuevas energías. Para aquellas personas, grupos y sistemas que se mueven hacia la nueva energía, la perturbación no es para ellos ni forma parte de su espacio. Al ver más perturbación, también reconocemos que «más personas están permitiendo la unificación». Aquí no hay una ciencia especial, ni una hoja de ruta o un plan específico. Consiste ante todo en *permitir* ser quien eres viviendo sin todo el bagaje acumulado. No somos seres estancados, sino consciencia en flujo consigo misma. La vida es un «campo unificado de existencia». Debemos alejarnos de nuestros seres robóticos programados por el interminable condicionamiento social y sentir nuestras propias verdades. Si la gente puede hacer esto, «el cambio se manifestará incluso en los rincones más oscuros e iluminará todo lo que aún se esconde en las sombras».

A menudo, necesitamos aflojar nuestro agarre a las cosas, no solo a las físicas, sino también a aquellas a las que nuestra mente se apega. También nuestro lenguaje: «tu mente se pierde en el lenguaje, en nombrar y señalar cosas concretas». Al igual que un punto de vista milimétricamente limitado, nos perdemos en nuestra propia miopía. Es como si miráramos los guijarros pero no viéramos el camino. En la expansión, en la apertura al flujo, puede haber una mayor conexión. Todo nuestro lenguaje y nuestras creencias se basan en estructuras humanas, incluso cuando son de carácter religioso. Cada civilización tiene sus propias estructuras; cada civilización entiende el paso del tiempo de forma diferente y tiene sus propias nociones para explicar los ciclos. La vida es cíclica y, sin embargo, podemos quedarnos fácilmente atrapados en una interpretación específica en detrimento de otra. En esto, como dice Abe: «siempre estáis deviniendo pero nunca llegáis a entender las cosas». Como humanos, tendemos a fijarnos en una cosa mientras descuidamos otras. Todo depende de dónde esté nuestro enfoque en ese momento. Por lo que estamos parando y empezando, o volviendo a empezar, en lugar de interactuar con el cambio y «transformarnos».

Evolución planetaria

La evolución es cambio; la evolución es siempre vibratoria. Las vibraciones interactúan dentro de otras vibraciones: campos dentro de campos (de nuevo refiriéndose a la analogía de la muñeca rusa). La evolución a través de las esferas está estrechamente entretejida: «La evolución de vuestro planeta tiene un efecto en cadena sobre otros lugares del cosmos» Esto es, según Abe, parte del «patrón del eterno devenir». Y como todo está entrelazado, también la humanidad lo está con el estado y el destino del planeta. Muchas personas se preocupan por el estado del planeta y, sin embargo, solo consideran las implicaciones desde una perspectiva física. Podemos decir que el lado físico de las cosas es el camino menor: «sí, puedes interferir, pero no tanto en el sentido de una acción física; ha de ser una acción consciente, vibratoria». El reino del efecto procede, más bien, de la acción vibratoria. Habrá quienes desestimen esta comprensión, ya que se empeñan en realizar acciones físicas y en obtener la satisfacción propia de sus acciones externas. Hay un tiempo para ambas cosas –para la acción y para la no acción–, pero hay que sopesarlas, tenerlas en cuenta, y no darlas simplemente por hechas.

Puesto que la evolución es vibratoria, tendría sentido que se produjese una mayor participación mediante un conocimiento consciente de estos procesos: lo que generalmente se ha denominado *evolución consciente*. Ser consciente es facilitar o permitir esta fusión con la consciencia del campo unificado: «Es permitir que la consciencia pura esté presente en esta realidad espacio-temporal». Solo el cuerpo físico puede estar presente de forma tangible en esta «realidad espacio-temporal». Y así, la consciencia pura se fusionaría con la firma vibratoria del individuo. Estas diferentes vibraciones se unirían y se manifestarían a través del cuerpo:

una fusión de materia y espíritu. Si, o cuando, no somos conscientes, nuestra firma vibratoria está dirigiendo la obra a través del inconsciente. Es justo decir que, para la mayoría de las personas, los flujos vibratorios están operando sin que lo sepan: «puedes estar inconsciente y perdido en el inconsciente, sin saber que en tu ser hay mucho más». Al permitir que el campo mayor de consciencia fluya a través de nosotros en esta realidad espacio-temporal, estamos de hecho apoyando el proceso evolutivo en el planeta. Y sin embargo, irónicamente, la gente se resiste a la evolución: «Tienes que dejar de resistirte a la evolución». Cuando una persona está en disposición de permitir, sabe instintivamente cuál es la forma correcta de estar. Tal y como están las cosas, la mayor parte de la humanidad está distorsionando este flujo. La analogía que hace Abe es: «la luz que golpea cualquier cosa física, rebotará en todas las direcciones».

Todo está interrelacionado dentro del *Continuum*, porque todo es *Continuum*. Como tal, las manifestaciones físico-materiales tienen influencias relacionadas entre sí, la mayoría de las cuales están más allá de la percepción y comprensión humanas. Cuando hay una disonancia energética en este planeta, como por ejemplo la producida por explosiones atómicas/nucleares, estas ondulan energéticamente a través del *Continuum*. En este sentido: «lo que tú haces vuelve sobre ti». La energía del Campo Unificado –la energía disponible en todo el cosmos– puede aprovecharse en cualquier lugar. Algunos sitios fueron construidos específicamente por todo el planeta (especialmente en la antigüedad) para permitir esta conexión y utilización de la energía de la Fuente-*Continuum*. Algunos de estos lugares son conocidos ya que sus restos todavía existen. Muchos otros sitios permanecen desconocidos, ya sea porque no han dejado rastros físicos o porque no se manifestaron físicamente. Algunos lugares se convirtieron en «portales» porque en ellos se incorporó la intención de conectarse: «solo porque se desarrolló la intención de conectarse en un determinado lugar, este se convirtió en un portal o en un lugar para conectarse». En el *Continuum*, cada lugar es una parte del campo energético unificado y, por lo tanto, está «conectado». No es posible que el contacto con el *Continuum* exista «aquí» pero no «allí». No hay exterior ni interior, ya que los límites y las separaciones son cosas creadas físicamente como aspectos externos del *Continuum*, o más bien, como aspectos de la simulación dentro del *Continuum*. La conexión se construye a través de la intención. Si hay una concentración de la intención, como en un lugar de culto o un sitio sagrado, entonces la energía del contacto se puede sentir más fácilmente: «Se puede sentir a causa de la gente y de la resonancia de la conexión, no a causa del lugar». Es decir, la intención establece una mayor «resonancia de conexión». Por ello, se crean lugares específicos para recoger esta intencionalidad y fomentarla.

En todo el planeta hay también muchos caminos específicos –a menudo también rutas de peregrinación– que conectan sitios y lugares físicos. Pueden compararse con conexiones neuronales planetarias que tienen una resonancia vibratoria, como si crearan una membrana vibratoria en el planeta. Temas como estos, y muchos más, son muy difíciles de debatir abiertamente en la mayoría de las culturas, especialmente en las sociedades modernas «desarrolladas». ¿A qué se debe esto? ¿Por qué la gente se censura a sí misma? Gran parte de ello se debe al fuerte condicionamiento social que se impone a las personas a medida que crecen en sus culturas. Las realidades se programan en nosotros junto con sus narrativas. Muchos temas son «tabú» para nosotros porque, como dice Abe, «no os entendéis a vosotros mismos». Si los humanos se conocieran mejor a sí mismos, estos temas no estarían más allá de nuestra capacidad normal de discusión y reconocimiento. Sin embargo, somos nosotros los que colocamos estos temas fuera de nosotros mismos. Una vez más, el sentido de la división proviene de nosotros. La gente crea sus propias «zonas tabú» y lugares de miedo a los que no quiere ir. Se trata de fronteras falsas y artificiales, ya que han sido construidas a partir de la imaginación humana: «Porque los humanos piensan que tienen que imponer su camino solo porque no tienen conocimiento consciente». ¿Por qué suponer que otras especies más evolucionadas del cosmos pensarían igual que nosotros? Si han evolucionado más, es porque están alineados con el campo unificado y comprenden la naturaleza de la vida dentro del *Continuum*. Si la humanidad desea seguir evolucionando de forma equilibrada, nosotros también tenemos que abrirnos más a estas energías resonantes y a los campos de consciencia más amplios. La vida, se nos informa, es «un movimiento cíclico».

Nuestros sistemas sociales y culturales

La naturaleza humana se ha alineado con un patrón de consumo que está arraigado en nuestros sistemas sociales. La cuestión que nos preocupa hoy es que estos patrones de consumo han sido monopolizados por ciertos grupos que operan a través de la codicia. En esto también tiene que haber un cambio hacia un reequilibrio. El consumo está relacionado con los recursos, y esta es una relación que tiene que funcionar a través de una alineación y una armonía correctas; de lo contrario, las energías se deshacen y crean disonancias. El planeta Tierra es capaz de volver a alinear los desequilibrios, aunque esto sea menos agradable para los que vivimos en su superficie. Lo que se requiere aquí, como en todas las cosas, es la consciencia: «Realmente, todo lo que necesitas es ser consciente; el planeta conoce su propio equilibrio como tú conoces tu propio cuerpo, si eres consciente». Sin embargo, los humanos tienden a ver los recursos a través de la lente de la monetización, que es una forma inferior de comprensión de los mismos y, naturalmente, solo permite el crecimiento hasta una determinada etapa y no más allá. La humanidad ha alcanzado el umbral de estos límites inferiores. El reequilibrio vendrá cuando la gente despierte a esta situación: «Pero verás, se equilibra de nuevo cuando la gente despierta y se conecta». El equilibrio natural de la humanidad está relacionado con la consciencia. Todo está relacionado con lo conscientes y perceptivos que seamos, y con nuestra apertura al flujo de la consciencia pura, o a la conexión con la Fuente.

    Una relación clave en el mundo físico es la que existe entre las personas y los recursos. En la actualidad, un problema importante son las tendencias demográficas. Ha habido una tendencia progresiva a que la gente se traslade a las ciudades y a la expansión de las zonas urbanas. En todo el mundo se está produciendo la ampliación de las metrópolis en megalópolis que albergan a muchos millones de personas. Este movimiento urbano ha sido promovido, y alentado, por los principales órganos de gobierno mundiales. De hecho, forma parte de su objetivo declarado públicamente. Sin embargo, la cuestión central no es el número o la gestión social, sino el equilibrio: «Siempre volvemos a ello, pero el equilibrio es la clave, y la relación entre las personas y los recursos es esencial». Tanto si se trata de hacinar a la gente como de fabricar alimentos que no nutren, todo está relacionado con el desequilibrio. Todo se ha vuelto «rápido y más» y esto crea disonancia y desarmonía. Hay organismos de gobierno en todo el planeta que están intentando poner en marcha nuevos sistemas para hacer frente al aumento de la población. Estas agendas son fuertemente cuestionadas porque parecen representar fuerzas nefastas que no muestran compatibilidad, o resonancia, con las nuevas energías que tienen que entrar para la evolución humana: «esta nueva energía que está sobre vuestra civilización tiene que resonar con la del sistema. Si no, no podrá avanzar en esta existencia física». Este es un punto importante. Si los sistemas humanos que se están estableciendo en nuestras sociedades no resuenan con la nueva energía entrante, entonces la humanidad de este planeta «no podrá avanzar en esta existencia física». La necesidad de resonancia es primordial.

Otro punto importante aquí es que los sistemas políticos de nuestras distintas sociedades están en gran medida corrompidos. La gente lleva tiempo perdiendo la fe y la confianza en la clase política. Los sistemas políticos también forman parte de la transformación necesaria; un punto con el que Abe está de acuerdo. Además, Abe nos recuerda que, a medida que la gente se dé cuenta de esta corrupción y programación, las rechazará:

> A medida que más y más personas despierten, verán que efectivamente las cosas no están en equilibrio, están erradas. Al igual que vosotros, en cierto modo, han sido muy condicionadas. A medida que más y más personas vuelvan en sí, en cierto sentido se darán cuenta. Pero ved esto, la gente se sentirá ultrajada, decepcionada y enojada como si hubiera sido traicionada, hipnotizada y engañada, y habrá todo este caos y rechazo. Sabéis, nos gusta decir que nunca se puede luchar contra lo viejo combatiéndolo.

Como siempre, se nos dice que es importante no jugar el mismo juego, no entrar en el mismo campo de juego. No se trata de «luchar contra lo viejo» utilizando la misma energía, sino de entrar en una nueva energía. Cuando luchamos contra lo viejo, solo lo mantenemos ahí, lo sostenemos al reconocerlo. Tenemos que eliminar nuestro reconocimiento, retirar nuestra energía de él. Los actuales sistemas corruptos y desequilibrados prefieren que reaccionemos frente a ellos. Al incitarnos a reaccionar, a resistir y a discutir, mantienen nuestro enfoque en ellos, lo que continúa alimentándolos y validando su existencia. Como dice Abe: «Realmente, antes de que podáis dar un paso adelante, queremos que os reclaméis a vosotros mismos: actuar así es nuestro propósito y también el vuestro».

Ahora parece que muchos sistemas sociales y culturales están a punto de renovarse. La cuestión es si se transformarán en sistemas equilibrados y en resonancia con la evolución de la humanidad, o si irán hacia una mayor corrupción y disonancia. Otro de estos grandes sistemas es el económico, y el sistema financiero global. La transformación de las monedas físicas en digitales ya está en marcha. Como siempre, habrá unos pocos que tratarán de manipular este cambio para beneficiarse en detrimento de los demás: «Habrá gente que reclame más y lo canalice de manera que beneficie a unos pocos que manipulan y dirigen este sistema». Sin embargo, Abe también nos informa de que «a medida que más personas se den cuenta de esto, más podrán reclamarlo». Y este es el punto: la gente necesita reclamar su soberanía, sus derechos. Al unirse, la gente puede aprovechar colectivamente su poder innato: «muchos unidos son mucho más poderosos que quien solo tiene el manojo de billetes. Si la gente se une, no tendrán poder ni lugar para manipularla». Y precisamente por eso los pocos siguen «manteniendo las cosas divididas». Pretenden desconectar a las personas entre sí. Sin embargo, cuando estamos unidos somos una fuerza increíble.

El dinero es una forma de intercambio energético. Como energía de intercambio, funciona mejor cuando circula que cuando se acumula. Nuestro sentido de la energía y la utilidad del dinero también tienen que reacondicionarse, para que lo veamos como una fuente y energía de revitalización y posibilidad, y no como un medio de codicia y control. La falacia del dinero se ha impuesto sobre nosotros, y debemos liberarnos de ella. Muchas personas ya están despertando a la naturaleza disonante y poco ética de nuestros sistemas nacionales y globales. Sin embargo, son más los que siguen dormidos en la «trampa del consumismo y la desconexión política, pensando que siempre tienen que elegir un bando cuando no hay ningún bando que elegir y todo está desgastado». La razón de estos comunicados, de los mensajes de Abe, es ayudar a muchas personas a adquirir conocimiento de esta situación antes de lo que podrían haberlo hecho: «Porque si se hace demasiado tarde, todo lo demás se habrá agotado por completo». Cuando una persona no está despierta busca el control. Una persona con auténtica consciencia no tendrá necesidad de la energía de la dominación; por esta razón, se puede decir que muchos sistemas sociales están siendo empujados hacia una agenda de control. Sin embargo, para cada acto de supresión hay una contra-energía: «algo que esté presionado hacia abajo, en algún momento no tendrá otra opción que rebotar». Es una situación de tira y afloja entre estas energías energéticamente opuestas.

A medida que las formas de propaganda y condicionamiento social continúen, e incluso aumenten, también habrá una ola creciente de consciencia de la soberanía humana y del poder individual. Este es el «tira y afloja» que podemos esperar en estos tiempos. No podemos anticipar que la vida sea «eufórica». Como nos recuerda Abe: «Si hay un cielo, entonces está aquí con vosotros ahora, y lo mismo ocurre con el infierno». Todo está aquí con nosotros ahora. Y si creemos en un cielo y en un infierno, eso también estará aquí con nosotros, por así decirlo. Lo que esto significa es que tenemos que lidiar con todos estos asuntos y disgustos aquí, durante nuestra experiencia de vida física, y no dejarlos para un futuro imaginario. Tenemos que ver todo aquello «en lo que verdaderamente estamos». Eslóganes culturales que dicen que somos una cosa, o nos dicen que hagamos otra cosa nos zarandean de un lado a otro durante demasiado tiempo. Abe compara esto con que nos venden nuestros propios fragmentos: «La sociedad te atonta y te corta en muchos pedazos, porque si no fuera así, ¿cómo podrían venderte tus fragmentos?» La transformación humana, incluidos nuestros sistemas sociales y culturales, solo se producirá si nos damos cuenta de la situación en la que nos encontramos. Y esto incluye una comprensión y percepción de nosotros mismos. Porque, en efecto, «si no se rompe un modelo tan constreñido de ser, ¿cómo se podrá ver algún cambio?». Si seguimos actuando y comportándonos a partir de los mismos patrones, ¿cómo podemos esperar romper esta cadena continua? Así es como se mantiene el *statu quo*: a partir de la perpetuación de los mismos patrones que lo mantienen en su lugar.

El cambio puede resultar incómodo al principio: es la energía que se siente cuando se rompen los viejos patrones para reemplazarlos por los nuevos. Siempre hay personas que prefieren negar estos cambios, y esto es muy lastimoso:

> es mucho más fácil volver a sentarse y adormecerse porque la gente tiene mucho miedo de sentir, de amar y de vivir. ¡Qué pena! Si supieran que —¡guau!— esto es lo que puedo hacer; me siento herido, pero estoy vivo, estoy aquí, estoy participando. Qué belleza hay en esta comprensión.

Hay mucho que decir sobre esta forma de participar en la vida, de contribuir a los cambios. La sociedad necesita que sus habitantes se conecten y se unan. Para eso está el organismo social: es un cuerpo que necesita que sus miembros trabajen juntos, armoniosamente, y en unidad. Este es el verdadero propósito de nuestras tecnologías globales de comunicación: unirnos. O mejor dicho, mostrarnos externamente, físicamente, cómo debemos estar conectados para existir de esta manera sin depender de dichas tecnologías: «las personas que sean capaces de adaptarse a esta nueva energía o a este permiso no tendrán tanta necesidad de estas tecnologías físicas». Abe nos informa de que este estado aún está lejos, pero debemos entender que el ser humano es una parte vibratoria de este flujo de comunicación: «el corazón es el conector vibratorio y la cabeza es el receptor, como en una línea telefónica. Si ambos están abiertos a recibir, entonces será así».

La energía de la unidad entre nosotros es poderosa; tan poderosa que podría dinamizar con éxito una civilización planetaria armoniosa. Y, sin embargo, estamos avanzando hacia una gobernanza global (¿un gobierno global?) a través de una energía de disonancia, fragmentación y control, y este es el peligro. En el estado ideal, los humanos no necesitarían una estructura de gobierno que se enseñoreara de ellos: «entonces esperaríamos que no hubiera necesidad de gobiernos, sino solo de humanos». Uno de los primeros pasos, como ya se ha mencionado, es que la gente tiene que liberarse de sus capas de condicionamiento social. La sociedad humana se basa en el condicionamiento social, y esto no nos permitirá evolucionar en la dirección que necesitamos. Abe es muy claro en esto: «Vuestra sociedad humana no está sino construida sobre el condicionamiento social. Realmente os lleva a la "madriguera del conejo"[6]. Su antigua estructura es solo eso: anticuada. No resuena ni resonará con la nueva ola, la nueva vibración». De nuevo, la disonancia procede de que nos aferramos a estructuras anticuadas: tenemos que soltarlas. Sin embargo, hay algunos que adoptan la posición contraria y

---

6   N.T.: *The rabbit hole* en el original, en referencia al lugar por donde entra Alicia en el país de las maravillas. Se utiliza para referirse a una situación o entorno extraño, confuso o sin sentido, normalmente uno del que es difícil salir.

tratan de mantener, e incluso de hacer avanzar, estas estructuras antiguas en su camino de control. El cambio, sin embargo, *está* llegando. La gente está sintiendo, está percibiendo, los «vientos de cambio». Solo que, por ahora, muchos no están seguros de qué es este «cambio» ni de cómo se producirá. Por eso las comunicaciones de Abe se han manifestado en este momento:

> Aquí es donde nos gustaría entrar y echar una mano o más; ambas cosas en su forma física, esta conexión –estas palabras–, resonarán con muchos, porque queríamos empezar de nuevo por lo básico, lo esencial, sin tonterías. La forma de desacondicionar es permitir este flujo de energía, admitiendo que el corazón se abra y que la mente se libere.

Aquí es donde reside el trabajo, porque muchas mentes –y muchos corazones– se han cerrado. Necesitamos abrirnos a nosotros mismos; y abrirnos a la conexión con la Fuente. Así es como debería ser la vida en el *Continuum*.

Dentro de nuestras limitadas perspectivas, seguimos aferrándonos a identidades anticuadas, a agrupaciones y afiliaciones cerradas que perpetúan una política de separación. Parte de esto es el miedo, un miedo a la pérdida: «las personas viven con mucho miedo a que la gente les quite lo que tienen, su estatus, sus pertenencias, su identidad. Cuando se sienten amenazadas de esta manera, se defienden y quieren reclamar lo que es suyo por derecho». Este estado de inseguridad se propaga y se mantiene a través de nuestros medios de comunicación, nuestras noticias y nuestros sistemas políticos, ya que sustentan el nacionalismo, la necesidad de pertenencia y las rivalidades identitarias. Estas rupturas de identidad sirven como patrones vibratorios limitantes que mantienen a la gente cerrada y no receptiva a los flujos de consciencia expansiva. Además, estos patrones y energías de separación mantienen a las personas dependientes de sus sistemas sociales y culturales y menos autosuficientes. Lo vemos reflejado en nuestros hábitos de vida. Se eligen muchas comodidades y conveniencias modernas; a la gente le gusta estar dentro de las ciudades, cerca del entretenimiento o de los restaurantes, para tener sus necesidades cerca. Y aunque hay muchas conexiones disponibles en esos entornos, sigue habiendo una notable falta de comunidad. Las conexiones son transitorias, superficiales, o se basan en la transacción más que en lazos tangibles y de amistad. Esto se va a hacer más notorio a medida que empiecen a surgir carencias o restricciones. Es importante, pues, que cultivemos el contacto con los espacios naturales que nos rodean al tiempo que nutrimos los espacios de nuestro interior.

Es posible que los estilos y patrones de vida sostenibles no sean para la mayoría, pero aportan grandes beneficios: «Nos gustaría que se centraran más en la comunidad, ya que esta no solo nos conecta con el mundo, sino también con los demás, trabajando juntos, cultivando juntos, compartiendo los alimentos». Muchas personas ya no conocen a sus vecinos, y esto no favorece las energías de conectividad y comunidad. A medida que los modelos de vida actuales se deterioren en lo que respecta a su sostenibilidad es probable que surjan más comunidades de estilo alternativo. Esto puede convertirse en «una reunión de comunidades que trabajan juntas». Es probable que estas comunidades sean más atractivas una vez que se produzca un cambio o una ruptura de nuestras actuales unidades monetarias globales:

> Lo veréis mucho más cuando la moneda que tenéis ahora ya no os sirva. Veréis, la gente piensa que al hacer esto estará dando un paso atrás. Pero no es así. Habrá una conexión más profunda con el mundo, con los demás, y también con vuestra naturaleza humana instintiva.

A través de estos cambios, también podemos volver a estar en sintonía con nuestra naturaleza humana esencial. Porque la humanidad se ha alejado de este equilibrio consigo misma. Como nos recuerda Abe, «hemos estado huyendo de esta verdad durante algún tiempo, por miedo al estancamiento y a no progresar». Nosotros mismos hemos estado perpetuando esta falsedad, aunque sin saberlo.

Tenemos que movernos más hacia una conexión abierta de corazón, dejando de lado nuestro condicionamiento programado. La mayor parte del tiempo nos movemos por la vida con los brazos colgando a los lados en lugar de con los brazos abiertos para abrazarla. Esto solo ralentiza nuestro potencial de avance y de progreso hacia una auténtica evolución humana. Es necesario que nos permitamos entrar en la vibración de la permisividad y que no cedamos a las energías supresoras de los demás. No estamos aquí para la contención sino para la expansión. Es hora de sacudirnos las identidades sociales de separación y salir de estos patrones vibratorios más densos. Si lo hiciéramos, las estructuras externas de división ya no podrían mantener el poder sobre nosotros. Lo que necesitamos es devolvernos la historia a nosotros mismos: «Primero, reconoce tu humanidad. Porque cuando te das cuenta de lo que realmente eres, sientes humildad». El espíritu del cosmos fluye literalmente a través de nosotros. Cuando esto se pueda reconocer realmente, «no podréis volver a restringir vuestro ser». El crecimiento será inevitable, y esto será un paso para que nazca un nuevo mundo.

Deberíamos pensar en nosotros mismos como si fuéramos una neurona dentro de un cerebro planetario; y al igual que podemos recablear nuestro propio cerebro humano (pensemos en la neuroplasticidad), también podemos recablear las vías de nuestro cuerpo-mente planetario. Como dice Abe «vuestros cerebros individuales crean otro cerebro unificado que es el del planeta y luego el del cosmos. La resonancia vibratoria crea las vías neuronales, y así es tanto por dentro como por fuera». ¿Podemos imaginar esto: un conjunto completamente nuevo de vías y conexiones en todo el planeta? Esto implicaría un nuevo conjunto de sistemas y estructuras locales y globales. ¿Será posible? Nunca lo sabremos si no realizamos primero el «cambio de camino» dentro de nuestros propios cerebros/mentes. Tal vez esto comience a partir del trabajo de las comunidades, replanteando la forma en que vivimos y trabajamos juntos. Sin embargo, primero tendremos que salir de nuestra escisión y fragmentación. Esto también es un paso gradual en el camino de la evolución humana: «Cuando veáis que esta forma de vivir solo puede permitiros prosperar, entonces más y más se unirán a esta nueva forma de ser. Hay formas mejores de cosechar vuestra energía en este planeta y estas comunidades lo harán». Y, sin embargo, para avanzar, primero tendremos que hacer una pausa para realinear y reajustar. Es entonces cuando podremos dar un paso adelante con energías alineadas, e irradiarlas hacia los demás. Ya no se ocultará la esencia del corazón humano: «no habéis hecho más que esconderos y entrar en vuestro interior; ahora es el momento de brillar, susurrando tranquilamente a los que están perdidos: "Creo que conozco una salida"».

¿Puede la humanidad encontrar esta salida? Parece que sí: pero no es un camino para una sola persona. Lo que ha estado oculto debe salir a la luz para «conocerse a sí mismo»: la preciosa joya que es nuestra totalidad debe ser recordada. De este reajuste pueden surgir nuevas pautas de interacción humana: «nos gustaría que se viera que compartís, os comunicáis y os relacionáis y que estáis en la vida con las nuevas habilidades y las nuevas formas e ideas». Este cambio de vibración y de patrones –un recableado del cuerpo-mente individual, colectivo y planetario – no es «un grito desde los tejados o una prédica, sino un susurro para los que quieren algo más, algo real». Es hora de crear estos nuevos caminos vibratorios, y de que surja una forma diferente de organismo humano-planetario. Si ha de haber una fase momentánea de desapego, es a causa de la realineación y el reagrupamiento. La humanidad no debe alejarse de sí misma durante demasiado tiempo. Hay un futuro que espera nuestra participación; y ese futuro también concierne a nuestras ciencias y tecnologías.

CUARTA SECCIÓN

Ciencia y tecnología

Por la propia naturaleza del *Continuum*, todo ha sido y será siempre. La existencia no tuvo un punto de partida específico –un «Big Bang»– a partir del cual comenzó todo. Así pues, la teoría del «Big Bang» no puede aplicarse al «comienzo de la vida», pero sí al inicio de las manifestaciones físicas, de las que ha habido multitud. La ciencia se ha basado durante mucho tiempo en ver cosas relacionadas con el tiempo humano. Nuestra datación de las galaxias, los planetas, las estrellas y el propio universo se basa en tiempos humanos. Sin embargo, el tiempo, tal y como lo conocemos, es un fenómeno relativo a nuestra percepción de la realidad. No es un absoluto. Tampoco existen «puntos de referencia» del tiempo en los que las causas y los efectos puedan medirse con precisión. Todo es más bien una vibración, y estas vibraciones se registran con instrumentos científicos y se interpretan según el instrumento que las registra. Tendemos a pensar que los instrumentos que utilizamos –nuestras invenciones mecánicas– son objetivos y ofrecen verdades universales. Sin embargo, esos instrumentos mecánicos se crean a partir de nuestras percepciones de la realidad; por tanto, también serán una extensión de ésta. La teoría del «Big Bang» es una interpretación física-material particular de los acontecimientos. Pero, dentro del panorama vibratorio más amplio, es ciertamente incorrecta. No es que los big bangs no ocurran, es que la existencia no funciona por arranques y paradas: «no es el principio y nunca habrá un final pulcro y bien empaquetado para esta línea de tiempo: eso a lo que te aferras en tu existencia física no es sino un círculo, un devenir constante».

Se podría decir que el universo que habitamos es uno de muchos universos similares, o no tan similares. Y tales universos pueden tener sus ciclos de duración. Todos estos procesos forman parte de una complejidad inabarcable de vida interconectada: «Es una vida de conexión, de interacción y, como decís, de interrelaciones armoniosas de esta única vibración, transformándose en mundos y seres vivos y estrellas y planetas». Un conjunto casi incalculable de vida se manifiesta y pasa por la expresión física, todo dentro de una gran complejidad de interrelación vibratoria. Es, como expresó Abe anteriormente, una gran danza. Y esta danza se «extiende experimentando todas las cosas a través de todas las líneas de tiempo, estructuras y lenguajes creados». Esta danza «lo contiene todo». Es una danza de vibración; y «esta vibración fue el principio de todo». El cuerpo físico puede sentir y percibir esta vibración, pero nunca puede contenerla. Partes de esta vibración de la Fuente pueden fluir a través del cuerpo humano, y esto permite una mayor participación en lo que también se denomina el *flujo de la vida*. Y, literalmente, es esto. Esta vibración de la Fuente interactúa, conecta y transforma el flujo interminable del *Continuum*. Cada expresión de vida es una parte magnífica de esta vibración de la Fuente: «todo es una sola cosa: una verdad, una vibración, y tú lo eres».

Todo se interrelaciona. En este sentido, lo que denominamos multidimensiones o multidimensionalidad no es más que otro término para referirse a las *multi-vibraciones*. La existencia física se sitúa dentro de un punto vibratorio específico —nuestra «firma vibratoria»—, por lo que generalmente no podemos experimentar esos otros reinos vibratorios. Sin embargo, toda la existencia está dentro del «mar de la comunicación vibratoria». Pero si el cuerpo humano pudiera percibir más de este mar vibratorio, es probable que estuviese «sobreestimulado y se quemara rápidamente». De ahí que exista el proceso que conocemos como evolución: «Por eso la evolución es clave. Es una ralentización de lo que ya eres, como un buen vino que se bebe a sorbos, se disfruta y se saborea, para sumergirse completamente en la experiencia». Un buen vino no se engulle ni se deglute entero de un solo trago. Del mismo modo, los caminos vibratorios no entran precipitadamente o nos abrumarían o sobreestimularían: «Pero mira esto, no nos inundarán; más bien, será una revelación del camino en tanto podáis seguir dando pasos vibratorios hacia adelante». Cada paso se nos revela a medida que nos alineamos con su resonancia. La evolución es como un atractor energético. En cada etapa nos alineamos, resonamos y cambiamos a esa nueva alineación o estado vibratorio. Somos arrastrados por la fuerza interior que se alinea y conecta con la fuerza exterior correspondiente. El universo tal y como lo conocemos se manifiesta a partir de lo que las ciencias llaman un campo de energía cuántica. Este estado cero cuántico (para usar el vocabulario científico) es el *Continuum* y también somos NOSOTROS. La energía del *Continuum* está disponible para nosotros a medida que evolucionamos como seres humanos. Conforme desarrollamos nuestra alineación, permitimos más de esta energía; y a medida que lo hacemos, evolucionamos. Es una relación transaccional: «Eres capaz de aprovechar esta energía a medida que evolucionas, y también evolucionas al permitir esta energía. Es una interacción transaccional, porque la energía siempre tiene que ser proporcionada al mecanismo». Si este proceso no se realizara por pasos de alineamiento, probablemente se nos «fundirían los plomos». Lo mismo ocurre con la energía eléctrica que recibimos en nuestros hogares. Cuando sale de su fuente –la central eléctrica–, primero tiene que pasar por una serie de transformadores antes de llegar a la casa. De lo contrario, si llegara en el mismo estado en que salió del generador eléctrico, fundiría todos los aparatos de la casa, y muy probablemente también la casa. Como dijo Abe, la energía recibida tiene que estar alineada con el receptor (mecanismo).

El campo cuántico, o estado cero, se confunde a menudo con un estado de *no-cosa*, por lo tanto, es cero. Sin embargo, irónicamente, es el estado de Todo desde el cual se manifiesta toda la cualidad física conocida. También es un lugar de reposo desde el que se produce la evolución y el retorno: «es un punto de reposo en el que todo está listo para volver a ir una y otra vez». La energía del *Continuum* se expande, interactúa y cambia de forma continuamente. Nunca hay un lugar donde no esté. Todo tiene su estado de reposo en medio de la danza: «Es un vaivén, un pico y un valle, un alto y un bajo, un de aquí para allá, y todo este tiempo una danza de polaridades realmente solo es la danza de una». Tendemos a percibir una diferencia entre la unidad y la forma, como si la forma fuera de algún modo distinta de la unidad en lugar de ser una expresión específica de ésta. No se puede sacar algo de la nada, del vacío. Nunca hay vacío: «Porque nunca se saca algo de la nada, sino de un fondo de consciencia que lo incluye todo. Llámalo quantum, llámalo ABE, llámalo tú...».

Lo más cerca que las ciencias han llegado a lo que podemos considerar como «vacío» es la energía oscura. Los conocimientos científicos actuales en torno a este concepto son todavía muy incompletos e imprecisos. La energía oscura, nos informa Abe, es «un lugar en el que no se pueden medir las cosas, porque es el estado cero». Hay términos que se utilizan para estados que no pueden medirse con precisión. Darle un nombre crea un significante, un marcador de reconocimiento, sin tener que entender el fenómeno en profundidad. La energía oscura sigue siendo un enigma para nuestras ciencias. Nombrar algo no es lo mismo que entenderlo. Y la energía oscura no se entiende porque es el propio *Continuum*. La *Cosa en Sí* no se ha visto. En su lugar, tenemos un surtido de palabras y términos. El cosmos está lleno de vida. La vida es una expresión continua del *Continuum*. Y sin embargo, hay aspectos físicos dentro del *Continuum* que pueden percibirse y estudiarse. Los agujeros negros son solo uno de los aspectos sobre los que podemos obtener una mayor percepción dentro del cosmos. El cosmos funciona de forma similar al cerebro humano. Al igual que las vías neuronales se desarrollan en el cerebro para hacer conexiones vibratorias, también el cosmos crea vías que se conectan en puntos vibratorios (Agujeros Negros). Como dice Abe: «los Agujeros Negros no son más que los conectores, los puntos que, cuando se alinean vibratoriamente, se abren para revelar una conexión, una unión». Los Agujeros Negros son como sinapsis cósmicas, que crean vías hacia las estrellas y se alinean con ellas vibratoriamente: «un cerebro gigante, una consciencia gigante». Cuando se desarrollan diferentes vías neuronales dentro del cerebro, se crea una nueva capacidad de percepción. Lo mismo ocurre con los Agujeros Negros. Las nuevas vías vibratorias dentro del cosmos permiten una expansión de la consciencia dentro del cosmos. Todos son puntos de atracción. Todo está interrelacionado. La ciencia humana tiende a centrarse en las fuerzas de expansión y contracción dentro del cosmos en lugar de en las fuerzas de resonancia y vibración. Todo es frecuencia. Comprender la frecuencia y la vibración es una vía de percepción para captar la «interrelación de las cosas». Las conexiones vibratorias se hacen y rehacen continuamente.

La expresión de la consciencia se está expandiendo a través de los movimientos cósmicos, dentro de las galaxias, los sistemas solares y sus alineaciones. Los alineamientos galácticos también son caminos que se «forjan» y crean conexiones vibratorias. Estos alineamientos galácticos y cósmicos tienen un efecto vibratorio sobre los caminos evolutivos: «crean un cambio; y en ese cambio se genera una nueva variación, y luego adelante y atrás, a diestra y siniestra. Como ves, todo se comunica vibratoriamente, y siempre lo ha hecho». Es una conversación vibratoria que siempre ha estado ocurriendo. Y como dice Abe, todo lo que tenemos que hacer es «permitir y escuchar». Al permitir que esta energía fluya, se establecen conexiones, se produce una expansión que permite que fluya más energía. Aquellas personas que permiten que esta energía fluya pueden hacer más conexiones vibratorias que luego permiten más flujo: «al permitirlo lo habilitas y cuando lo habilitas permites que se manifieste en forma física: estás haciendo una conexión necesaria y, así, evolucionas». Lo que tenemos que hacer es pasar de la frecuencia material a la cósmica. Al permanecer en la «frecuencia material» estamos bloqueando el flujo de la frecuencia cósmica. Como seres humanos, podemos permitir que la resonancia cósmica fluya hacia la materialidad; sin embargo, la mayor parte del tiempo la bloqueamos. También debemos reconocer que nunca estamos separados de ella: «no hacéis otra cosa que bloquearla y cerrarla porque no entendéis esa parte de vosotros mismos; y algunos que sí lo hacen, han sobre-conceptualizado y amarrado algo que solo quiere fluir». Se nos insta a «acelerar el ritmo, a sintonizar» y a escuchar más.

Sin esta sincronización y sintonía/resonancia, la humanidad se mantendrá separada del resto de la vida cósmica. Aunque la humanidad nunca está separada, existe una disonancia que crea un distanciamiento vibratorio: «No es en absoluto porque estéis separados; es que hay una nubosidad –una niebla, una bruma, una línea ocupada o un fallo en la línea sería un término mejor– que no os permite conectaros y recibir». Al igual que se crean nuevas vías neuronales en el cerebro, también se pueden crear nuevas vías vibratorias. Todo se alinea con la resonancia, y la resonancia permite que se formen nuevas conexiones vibratorias. Como dice Abe, descubrir nuestra esencia vibratoria es clave para nuestro cambio de consciencia que luego creará más vías. Es una matriz estrechamente entretejida. Hasta que la humanidad pueda desarrollar más caminos vibratorios, su exploración fuera del planeta siempre será limitada. Antes de empezar a aventurarnos en la vecindad cósmica tenemos que descubrirnos más a nosotros mismos. Como especie, aún no estamos preparados para alejarnos de la Tierra y explorar más allá. En primer lugar, tenemos que desarrollar nuestra propia conectividad dentro de nosotros mismos: «veríamos que para beneficiar al cosmos en lo más mínimo tendríais que haberos conectado más como especie entera: unidos por dentro y por fuera». Si no estamos unidos dentro de nosotros mismos, solo estamos trayendo más disonancia a la vecindad cósmica. Nuestro primer paso es «descubrir todo lo que somos y reconstruirlo». De lo contrario, nuestros intentos de colonización provendrán de una «mente dividida» y esto solo obstaculizará nuestro camino, no lo beneficiará. Si vamos a salir del planeta, entonces este paso trascendental solo debe darse desde un lugar de unificación: «Para que este paso sea de alguna utilidad o beneficio para vuestra especie, consideramos que debe proceder siempre de un lugar de unificación».

Para seguir evolucionando se requiere la frecuencia de una mayor unificación. La disonancia es una vibración contraevolutiva; o mejor dicho, una frecuencia de estancamiento; cuando hay disonancia y desequilibrio es más difícil avanzar. Cualquier especie que trate de causar disonancia será una especie menos evolucionada. La disonancia es un signo de inmadurez evolutiva. Y para que un aspecto evolucione en resonancia de frecuencia, también debe hacerlo otro que esté alineado con él. Esta es la situación del planeta Tierra. A medida que el planeta evoluciona, la humanidad tendrá que cambiar también, de lo contrario no estaremos en resonancia: «en algún momento hay que dar el salto desde una torre que se desmorona». Cuanto más permanezcamos en disonancia, más estrictas serán las restricciones. En cierto sentido, creamos nuestras propias cajas de miedo que luego nos controlan. Tenemos que reconstruirnos a nosotros mismos, como dice Abe. Y parte de esto implica despojarnos de nuestros condicionamientos; al hacerlo podemos crear nuevas conexiones que permitan un cambio a una frecuencia de resonancia más alineada: «Tus círculos se harán más grandes y la expansión llegará naturalmente. Pero solo será desde este lugar de unificación».

Tecnologías en el ser humano

El camino futuro de la tecnología es una cuestión compleja en este momento de la evolución de la humanidad. La forma en que avancemos ahora como especie determinará el desarrollo futuro y la interacción con nuestras tecnologías. Hasta cierto punto, parece inevitable que la tecnología se fusione aún más con los humanos. Esto ya está ocurriendo en términos de implantes y dispositivos que ayudan a nuestra salud (ver, oír, caminar, etcétera). Sin embargo, esta fusión, o combinación, entre tecnología y biología debería surgir dentro de un flujo natural, de «esas vías no forzadas de conexión evolutiva». Como siempre, depende mucho del lugar del que partamos. ¿Nos acercamos a la tecnología desde un lugar de unificación o desde una mente escindida? Como dice Abe: «conoced todo lo que sois, porque si realmente podéis captar esto como una especie completa, seguramente será un salto cuántico para vosotros en términos evolutivos». Si el ser humano está escindido, hay una falta de integridad y por lo tanto de claridad, en todo lo que surge de ello. El estado en el que nos encontramos se refleja en las cosas que hacemos, que se manifiestan a partir de nuestras acciones y pensamientos. Abe hace una analogía con la cocción de una tarta; si solo tuviéramos parte de los ingredientes, no podríamos hacer una tarta completa: «Verás, hay una gran intención de hacer la tarta, pero si no tienes los ingredientes completos para hacerla, puedes acabar con algo que no era intencionado en absoluto». Cada uno de nosotros necesita tener los pies en la tierra, y esto es cada vez más importante en un mundo que sigue estando fragmentado.

Las tecnologías de uso humano avanzan y se desarrollan a un ritmo increíblemente rápido. Esto está llevando a un punto álgido el debate sobre el ser humano versus la máquina, y no podemos demorarnos mucho más en llegar a un entendimiento sobre este asunto. En la actualidad, la humanidad no está desarrollando las tecnologías desde un lugar de unificación. Como tal, nos estamos colocando fuera de sintonía con estas tecnologías y su uso e influencia sobre nosotros. Abe es muy claro en este punto:

> Pero vemos que la dirección que tomáis no es desde un lugar de unificación, de conocimiento de esta esencia vibratoria en todo. Realmente no podéis retrasar esto por más tiempo porque vuestra especie está a las puertas del avance. Esta es la razón por la que nos hemos seguido manifestando para decir «esperad, primero hagamos bien esta parte y luego, cuando realmente lo entendamos, podremos avanzar».

Verdaderamente necesitamos entendernos mejor a nosotros mismos antes de aventurarnos más en el camino del avance tecnológico, ya que hemos llegado a una etapa crucial en esa senda. No podemos permanecer dormidos al volante mientras el gran camión de la humanidad se precipita hacia un futuro incierto. Si hay disonancia en el interior, seguramente se manifestará en el exterior. Del mismo modo, si hay equilibrio y armonía en nuestro interior, también se irradiará hacia el exterior en todo lo que hagamos. No tenemos que ser perfectos para avanzar, si bien al menos necesitamos estar más unidos: «No decimos que tengáis que ser una especie perfecta, ya que no existe tal ideal, sino que conozcáis verdaderamente y comprendáis sin lugar a dudas aquello en lo que estáis».

Los avances tecnológicos forman parte de la evolución de cualquier civilización, ya sea en este planeta o en otros. Todo forma parte del viaje evolutivo a través del cosmos y dentro del *Continuum*. Las tecnologías son los recursos que utilizamos para nuestra interacción dentro de la realidad física. Deberíamos crecer junto a ellas, no estar bajo su control y manipulación. Como afirma Abe: «El control y la manipulación siempre tratarán de empujar hacia adelante. En cierto sentido, es en el conocimiento de lo que eres donde realmente reside tu poder». Lo importante aquí es que la humanidad, como un todo, encuentre su propio fundamento y su unidad, especialmente ahora que la inteligencia artificial (IA) ha aparecido en escena. Sin embargo, como sabemos, los «controladores y manipuladores» tratarán de imponerse también en este asunto. Y tal es el caso, ya que gran parte de la financiación, la investigación y los recursos en torno a la IA provienen de personas y grupos de poder. Desde este espacio energético, es probable que la IA se utilice para consolidar aún más las bases de poder preexistentes. En otras palabras, los que tienen interés en el *statu quo* utilizarán la IA como medio para reforzar el estado existente de las cosas. Como dice Abe, están en esto «para competir». Sin embargo, la cuestión es el poder.

La gente ha sido condicionada a creer que la mayoría está bajo el poder de unos pocos: «siempre pensáis que estáis bajo el poder de tales personas, cuando en realidad es al revés. Las masas están despertando a esta disonancia: están reclamando su poder». La IA puede ser una mejora para la vida humana, si se utiliza desde un lugar de equilibrio, armonía y unidad. Como en todos los casos, cuando una herramienta cae en manos equivocadas, las consecuencias pueden ser imprevisibles o incluso perjudiciales. A estas alturas, hay pocas dudas de que la evolución humana incluirá tecnologías y un camino de avance tecnológico. Este camino en sí mismo puede ser pedregoso durante un tiempo: «No estamos diciendo en absoluto que esta transición hacia la unificación vaya a ser un viaje completamente fácil, ya que habrá destrucción y desmantelamiento de viejas estructuras». No obstante, lo viejo debe dejar paso a las nuevas conexiones, y esto también puede implicar un cierto grado de incomodidad durante un tiempo.

Parte de esta incomodidad provendrá de los interrogantes sobre lo que significa ser humano. La búsqueda de sentido, por decirlo de forma sencilla, volverá a ser un impulso. Una de las características de existir dentro de un reino físico es que naturalmente asumimos que el «sentido» es algo que se puede encontrar fuera de nosotros: «Nunca está fuera de vosotros. Habéis sido condicionados de tal manera que siempre lo buscáis fuera, pero no es así». El sentido es algo diferente para cada persona. Es lo que cada uno de nosotros hace que sea nuestro. El sentido también puede venir a través de nuestras conexiones, y esto puede ser independiente de vivir en un entorno social controlado. Tal vez todos tratemos de conocernos a través de nosotros mismos; y para ello, solo necesitamos ser realmente nosotros mismos. Cuando la humanidad se escinde se vuelve impotente. Aquí es donde, y cómo, entran en juego las manipulaciones de control: a través de las divisiones de la humanidad. El poder solo es realmente un juego de unos cuantos. Siempre son pocos los que están ávidos de poder, ya que no es un rasgo inherente al ser humano. Las tecnologías en manos de unos pocos son como cualquier cosa en manos de unos pocos: servirán a su agenda. Sin embargo, es necesario que haya una armonización. La existencia física es una polaridad; y por ello necesitamos encontrar un equilibrio: «volver al equilibrio es la clave: centraos primero». Todo tiene que ver con el equilibrio, ya que hay muchos impactos e influencias que pueden literalmente recablear nuestros cerebros. En este contexto, los espacios de realidad virtual o aumentada y los videojuegos son dos ejemplos. Como en todo, se requiere discernimiento y percepción; para que podamos saber la diferencia entre lo que es un entorno falso y lo que no lo es, y cuándo estamos «en juego»: «porque los que están atrapados son realmente los que están estancados en una realidad y no son conscientes de que no están sino jugando a un juego».

El avance tecnológico debe servir para mejorar la vida y no para disminuirla. Cualquier tecnología que cree disonancia y desarmonía no está alineada con la evolución de la humanidad: «desconfía mucho si un avance tecnológico crea disonancia en lugar de conexión, porque esto solo te estará alejando de la verdad, permitiendo a unos pocos mantener este poder y haciéndote impotente». Necesitamos ser estar enterados de esta situación, y que la consciencia se extienda entre la humanidad. Cuantas más personas sean conscientes del uso disonante y la manipulación de la tecnología, más se podrá «recobrar». La tecnología, cuando está en resonancia y alineación, puede permitir a la humanidad explorarse a sí misma, al mundo que nos rodea y al cosmos del que somos una parte viva. Y en esta expansión, también estaremos «creando vías neuronales cada vez mayores dentro y fuera del cosmos». El camino a seguir, nos informa Abe, es «promover la conexión y los caminos» y así alejarnos de nuestro aislacionismo. Al avanzar, debemos ser conscientes de permanecer dentro de los procesos naturales y no dejarnos atrapar demasiado por la posibilidad de que la tecnología aleje a la humanidad de sus potenciales biológicos. El cuerpo-mente humano está alineado con un entorno vibratorio y la apertura a nuevas frecuencias de resonancia desencadenará por sí misma la evolución y el cambio. No es necesario que intentemos forzarlo con intervenciones técnicas, sobre todo si proceden de un lugar de fragmentación en lugar de uno de unidad. Habrá, por ejemplo, personas que quieran alargar la vida a través de la tecnología; sin embargo, esto puede interferir con los ritmos naturales y los cambios vibratorios. Tenemos que captar la imagen completa y reconocer que no solo somos cuerpos físicos separados: «entendemos que os gustaría mucho prolongar vuestra experiencia en la forma física. Pero también vemos la necesidad de no entrometerse demasiado en ella, porque alteraréis el ritmo natural si lo lleváis demasiado lejos y eso podría ser catastrófico. No solo para vosotros, sino para todo el cosmos». Se nos informa de que hay una diferencia sutil entre mejorar y «dominar, controlar y forzar completamente la vida», ya que toda la existencia es relacional y un efecto puede alterar vibratoriamente a otros. La vida es un «acto de equilibrio» y el camino a seguir para la humanidad pasa por ser «mucho más equilibrado, mucho más inteligente y mucho más fluido, intentando no causar más disonancias».

El equilibrio también consiste en dar un paso atrás cuando es necesario hacerlo, y no tratar de imponernos demasiado. Los seres humanos tenemos la tendencia a forzar las cosas sin comprender del todo las implicaciones de la situación. ¿Cómo podemos imponer el equilibrio cuando no estamos totalmente seguros de qué es o cómo funciona? Como nos recuerda Abe «el equilibrio puede parecer destructivo y caótico como si las cosas estuvieran lejos del mismo, ya que sus construcciones sociales han erigido sus edificios sobre cimientos cambiantes». La fluidez y el cambio pueden no parecernos un proceso de equilibrio cuando en realidad lo son. No podemos estar seguros de cuándo los acontecimientos pueden tomar un rumbo diferente, ni de la razón de esos cambios repentinos. Tenemos que recordarnos de vez en cuando que no tenemos el control, sino que estamos en el flujo: «la vida tiene esta curiosa forma de cambiar de dirección en un latido: volved a vosotros mismos, sentid de nuevo vuestros cuerpos». Hay un tiempo para hacer y otro para ser. Deberíamos volver a recogernos en nosotros mismos antes de apresurarnos a dar un paso adelante, y este es nuestro *camino de vuelta a casa*. No debemos empeñarnos en correr hacia adelante, porque todas nuestras carreras se hacen solo a partir de líneas rectas. La humanidad todavía percibe de forma abrumadora en periodos de tiempo y en rutas lineales. Estamos menos inclinados a percibir en ciclos, en el aquí eterno: no hay ningún lugar al que llegar con tal que podáis verlo y no estéis apegados al futuro o anhelando el pasado. Simplemente estás aquí con vida y eres capaz de hacer estas cosas maravillosas dentro de esta realidad espacio-temporal». Estamos en un estado de devenir y eso no está limitado por el pensamiento lineal del tiempo. La interacción de la existencia es el núcleo; y el tiempo en todo el cosmos se experimenta de manera diferente. La existencia es «el único devenir constante e infinito».

Otra trayectoria de la tecnología está relacionada con la extracción/creación y uso de la energía. Durante mucho tiempo, nuestras civilizaciones «desarrolladas» han dependido demasiado de fuentes de energía primitivas y muy controladas. Se ha producido un cambio hacia fuentes de energía menos físicas, tales como la electricidad y la energía nuclear. Sin embargo, estas siguen siendo, en el gran esquema de las cosas, formas primitivas de energía. El gran paso hacia la comprensión de cómo utilizar la energía del *Continuum* –el campo de estado cero– se dará cuando cambiemos a una mayor comprensión de la vibración y la unificación:

> En esta fuente del estado cero hay un poder infinito. Pero, mirad, podéis aprovecharlo para vosotros mismos porque también es vuestro y del mundo que os rodea. Ya no tendréis que depender de las fuentes materiales físicas para alimentar vuestro mundo, sino que deberéis buscar la atracción vibratoria, ya que esta es la llave que contiene mucho poder.

Sin embargo, Abe nos advierte aquí que primero tenemos que llegar a nuestro lugar de unificación antes de ser capaces de utilizar este «poder infinito»; de lo contrario, «este poder podría utilizarse para la destrucción en lugar de beneficiaros a vosotros mismos como especie». El siguiente paso es que nuestras ciencias humanas adquieran una mayor comprensión del funcionamiento de las vibraciones.

Lentamente –muy lentamente– nuestras ciencias han ido pasando de lo visible y medible a los reinos de lo invisible y no medible. Sin embargo, todavía se hace demasiado hincapié en la existencia como partes separadas y atomizadas: «Cuando la ciencia pueda ver que el elemento vibratorio no difiere realmente del de su existencia física, irá mucho más lejos» La materia y la vibración deben alinearse, ya que no están separadas, sino que son aspectos del mismo fenómeno. Esta fusión también podría considerarse como la de la materia y el espíritu, ya que el espíritu es la consciencia vibratoria. En esta fusión podrían producirse grandes descubrimientos y saltos en la evolución humana. Este malentendido entre el espíritu y la materia es lo que Abe llama «simplemente un defecto en la línea, una especie de contaminación». Y cuando este bloqueo se supere finalmente, entonces «será un movimiento rápido hacia adelante; una expansión infinita de la mente, un sistema comunicativo más cósmico». Al igual que el cerebro humano crea nuevas vías en su interior, también creará nuevas vías de conexión y comunicación dentro del cosmos: todo está interrelacionado. Hay mucho ahí fuera, dentro del gran cosmos, que está esperando a la humanidad. Simplemente no hemos llegado todavía: aún no hemos *llegado a nosotros mismos*. La humanidad todavía se expresa en gran medida desde una mente colectiva escindida. Y un «permiso de vibración» nunca puede fluir en una mente escindida. Sin esta expansión hacia el flujo mayor, tal avance hacia el cosmos no ocurrirá. Primero se debe comprender la vibración de la unificación y luego cambiar a esta frecuencia de resonancia. Como dice Abe, «consiste en saber cuándo hacerlo a un lado para que esté al servicio de uno mismo, y con ello del todo".

La mente escindida sigue pensando en cajas y en categorías separadas. Al explorar el cosmos desde esta mentalidad, estaremos desarrollando más cajas de hojalata con propulsión de combustible. Estamos pensando en términos de aparatos materiales para explorar en lugar de en términos de consciencia expandida. La mente escindida piensa materialmente; la mente completa percibe más allá de lo material y se adentra en el campo de la consciencia. La alineación vibratoria puede existir, y existe, más allá del cuerpo. Quizá haya una forma de viajar dentro del cosmos que sea a través de la consciencia, sin tener que llevar el cuerpo con nosotros: «cuantos más caminos se creen a través de vosotros, y luego dentro del cosmos, menos necesidad habrá de explorar en un sentido físico, porque veréis que la consciencia no es sino libre de viajar y no está tan restringida como antes pensabais». Así pues, podemos imaginar el cosmos como un cerebro con múltiples vías y conexiones. No es casualidad que muchos exploradores de la consciencia se hayan referido a sus experiencias como si estuvieran dentro de la «mente cósmica». Algunos comentaristas recientes han sugerido que la realidad es similar a un programa de ordenador. Según esto, también podemos decir que la realidad es una mente cósmica, y que todo está dentro de la «cosa única»: «si solo hay una cosa y tú la eres, entonces lo que está dentro también está fuera en una escala mayor». En el cosmos hay una comunicación interminable, aunque no seamos conscientes de ello. Todo está en una conversación infinita: el cosmos está en comunicación consigo mismo. El cosmos también está en conversación con la humanidad, con cada uno de nosotros, solo que la mayoría de las veces no «oímos» ni percibimos estas comunicaciones. Todavía no hemos descolgado la línea telefónica.

Nosotros, como incontables miles de millones de individuos, tenemos que atender la línea telefónica por nosotros mismos. Si no lo hacemos, el poder sobre nosotros seguirá centralizado en manos de unos pocos. Y estas pocas manos seguirán desarrollando tecnologías que apoyen y refuercen su consolidación del poder. Este cambio será incómodo para nosotros: «será una lucha porque lo habéis permitido durante mucho tiempo y habéis dejado muchas cosas dormidas y acumulando polvo. No es una batalla de poder como tal; más bien es un cambio». La humanidad, como especie, necesita volver a juntar sus piezas. Es necesario crear un nuevo campo vibratorio de resonancia. Esta frecuencia de campo resonante será la que forzará un cambio de las estructuras sociales: «cuantas más personas comprendan y sepan de esta unificación, de esta vibración hacia la que se os está desplazando para que resonéis con ella y la entendáis, menos serán capaces estas estructuras de retenerlo» La evolución es vibratoria, y aquellas especies que no puedan moverse hacia la nueva vibración –resonar con los nuevos sistemas– se extinguirán. Abe es muy claro en este punto:

«los animales que se extinguieron fueron los que no pudieron resonar con sus sistemas; y por lo tanto, no pudieron continuar en la nueva evolución vibratoria». Para avanzar, para evolucionar, la humanidad necesita alejarse de sus capas de condicionamiento social y permitir una mayor conexión con un campo de consciencia expandido. Es decir, es necesario que fluya más consciencia a través de la humanidad, a través de nuestra firma vibratoria, y hacia el mundo físico. Somos el conducto para este cambio de energía resonante. Esto desencadenará nuevas facultades de percepción y cognición dentro de la especie humana. La humanidad necesita volver a reunirse haciendo en primer lugar una buena limpieza, «lo que se podría comparar con un buen despeje de las cosas, para luego volver a ponerlas en su sitio una vez que se haya limpiado bien la estantería».

El ser humano, y no nuestras estructuras mecanizadas, puede ser el lugar de poder. La manipulación se produce cuando unos pocos tienen el control de estos sistemas mecanizados a los que nos sometemos. Dentro de estas estructuras mecanizadas nos escindimos aún más y nos mantenemos en la separación psicológica. Al permitir un mayor flujo de consciencia, creamos más caminos tanto dentro como fuera, y esto puede traer nuevos ordenamientos energéticos con un cambio en la resonancia. Las mentes escindidas utilizarán las tecnologías para fines egoístas; las mentes completas buscarán la evolución colectiva. Cuanto más nos centramos en los aspectos materiales, más estrecha se vuelve nuestra percepción: «cuanto más centrada se vuelve, cuanto más se focaliza, más fragmentada se vuelve tu existencia. Abríos y veréis la mayor fuente de poder y en ella os descubriréis a vosotros mismos». Nuestro enfoque fragmentado nos impide descubrirnos a nosotros mismos. Colocamos nuestro enfoque y nuestro poder en puntos físicos. En este aspecto, necesitamos hacer un reajuste: una realineación. Hemos estado contaminando nuestras propias vías de comunicación. Hemos restringido nuestro pensamiento al entender al ser humano físico como una limitación: «habéis sido contaminados con la noción de que sois seres físicos y aunque esto es así, en vosotros hay mucho más que eso». Es hora de que permitamos «nuevas formas, nuevos caminos, nuevas maneras de comunicación». También tenemos que evolucionar en resonancia con el planeta. Tenemos que adaptarnos a nuevas formas de ser: «cuando tu planeta cambia no tienes otra opción que cambiar con él y esto va cada vez más lejos...». Y en el centro de todo está la consciencia pura: el *Continuum*.

La evolución consiste en tomar nuevos caminos en los momentos adecuados. Y cuando es necesario, hay que abandonar algunos senderos para poder avanzar. En la naturaleza vemos constantemente la adopción de nuevas formas: desde el capullo de la oruga hasta la mariposa, así como la semilla que se abre para dar lugar a una nueva forma de vida. Las nuevas formas son las que nos hacen avanzar continuamente y nos ayudan a evolucionar. Y estas nuevas formas requieren vibraciones resonantes y coherentes, no fragmentadas. Las vibraciones fragmentadas permiten manifestaciones más débiles en la realidad física. Una resonancia coherente aporta más poder: «la unificación en uno mismo es una fuerza mucho más poderosa en el mundo que una vibración fragmentada». Por eso Abe dice que tenemos que despojarnos de nosotros mismos, para volver «a los fundamentos». Necesitamos quitarnos nuestras pesadas capas para poder volver a reunirnos y reencontrarnos: «en esta parte no física de la existencia, que no se ve, está la clave de muchos saltos hacia adelante como especie». El mundo invisible tiene que estar en armonía con su contrapartida física. Estar en una forma física también es un verdadero regalo, como nos recuerda Abe. Estas comunicaciones están aquí para beneficiarnos a todos y cada uno de nosotros, y para permitirnos nuestros propios caminos de desarrollo y expansión: «Nuestro verdadero propósito es devolver todo, todas las limitaciones que os han puesto los demás y todas las que os habéis puesto vosotros mismos». *El camino de vuelta a casa* es a través de nosotros mismos, a medida que nos despojemos de nuestras propias restricciones autoimpuestas y demos un paso adelante con mayor claridad y fe en la humanidad.

QUINTA SECCIÓN

La humanidad y su futuro

Nos encontramos en un momento crucial para la humanidad. Es necesario que evolucionemos hacia adelante y no nos estanquemos. Ha llegado el momento de que muchas personas salgan de sus cajas de separación, que son el resultado del condicionamiento social. Las «firmas vibratorias» de muchas personas –es decir, las vibraciones que representan su punto físico de localización– necesitan abrirse para permitir un mayor flujo de consciencia. Muchos de nosotros hemos sido condicionados a ser personas sociales y a ser «buenos ciudadanos» y, sin embargo, estamos perdiendo el contacto con una vibración central: «tu consciencia es como el pegamento que volverá a unir lo que realmente eres si así lo permites». Muchos de nosotros estamos viviendo nuestras vidas por debajo de su capacidad total: podemos lograr mucho más. Sin embargo, para *avanzar* hacia un nuevo nivel de existencia, primero tenemos que experimentar una *ruptura*:

> Solo podéis avanzar si se produce una ruptura de los viejos paradigmas; y si lo viejo se desmorona, entonces se allana el camino para nuevas vías, nuevas conexiones, y en esta ruptura habrá un gran avance, ya que las personas buscarán dentro de sí mismas algo

que resuene; algo que se adhiera; algo que les haga sentirse humanas de nuevo.

Necesitamos esos desencadenantes que nos impulsen a buscar una nueva resonancia, a «sentirnos humanos de nuevo». La humanidad necesita avanzar mediante una serie de empujones vibratorios, como si estuviéramos subiendo una escalera, un peldaño cada vez. En los últimos años, las ciencias cuánticas han descubierto más sobre el campo unificado (el campo cuántico) y sobre cómo funcionan los campos vibratorios. Esto ha sido útil para ayudar a la humanidad a comprender mejor el panorama general, el cosmos energético más amplio, del que forma parte. Pero, al mismo tiempo, ha habido una tendencia a considerar este campo unificado como algo místico, o como perteneciente a un tipo especial de trascendencia. En resumen, estamos haciendo lo que siempre hemos hecho: enmarcarlo, nombrarlo y reivindicarlo. Pero no es algo a lo que tengamos que ascender. Todo está aquí ahora, donde ya estamos. Y donde estamos dentro de esta unidad también se expresa a través de las polaridades: «El único camino hacia la unidad es aceptar la luz y la oscuridad, el amor y el odio, como la misma cosa, porque dentro de esta unidad te das cuenta de que eres perfectamente imperfecto, y eso es maravilloso».

Hay muchos desencadenantes y cambios que la humanidad va a experimentar en los próximos años: muchas cosas están cambiando. Es un tiempo de desarraigo del pasado con el fin de establecerse en una energía futura diferente. Esto llevará tiempo y, sin embargo, se sentirá como una experiencia acelerada en forma de bola de nieve, ya que en estos años sucederán muchas cosas: «porque la gente sentirá un agujero enorme donde una vez hubo una estatua del yo: cada uno habría construido todo su mundo alrededor de ella». Muchos de nuestros viejos patrones serán desarraigados, y en estos espacios, estos huecos, surgirán nuevos caminos y conexiones, y nuevos flujos de consciencia. No debemos tener tanta prisa por rellenar estos espacios con nuevas cajas de contenido. Necesitamos permitirnos respirar de nuevo, para que «la vida fluya sin instrucciones» a través de nuestro propio ser. Hay que despojarse de muchos apegos para poder avanzar de forma más liviana. Habrá que dejar de nombrar y reivindicar, incluidas las reclamaciones que hemos hecho sobre nosotros mismos. Lo importante es que podamos participar en nuestro futuro. Los caminos que se pueden tomar son fluidos, por lo que el resultado puede estar más alineado si somos conscientes de nuestra participación. Hay conjuntos de potenciales, y estos potenciales contienen su propia fluidez. Estamos aquí para navegar por estos caminos. Los humanos son soñadores, pero ¿son soñadores conscientes? Los humanos estamos tan condicionados a ser activos y a hacer, y a querer forzar las situaciones, que casi hemos olvidado cómo permitir a través de nuestro ser. Tenemos que volver a encontrar el equilibrio entre la consciencia y el permitir: «eres consciente y también permites; esta es la resonancia de tu propio ser, la resonancia de tu planeta, y la resonancia del universo».

El ser humano ha crecido condicionado a las leyes. Hay una ley para todo, y una ley para explicar todo. Las leyes científicas nos las enseñan en la escuela. Las leyes sociales y culturales nos las brindan los padres, el gobierno y las instituciones de autoridad. Creemos que todo se puede explicar, categorizar, definir o darle un orden. Y nos hemos convertido en dependientes de muchas de estas estructuras, ya que aportan un sentido de regulación, orden y equilibrio a nuestras vidas. Sin embargo, en el proceso, hemos perdido el contacto con la espontaneidad creativa de conectar y confiar en el flujo. Todo es una resonancia vibratoria. Y deberíamos estar dentro de la resonancia; porque cuando la vida está fuera de ella, hay perturbación, desequilibrio y posibles rupturas: «Hace tiempo que habéis olvidado vuestra esencia vibratoria y cómo se ata y vincula a las cosas y a los lugares, a las personas y a las experiencias, a los resultados futuros y a los problemas pasados. Se trata simplemente de una cosa: la vibración». Si podemos recordar la resonancia vibratoria podemos recordarnos a nosotros mismos. Toda manifestación física proviene de una fuente de resonancia vibratoria. Todas las formas de interacción tienen una base de resonancia. Haríamos bien en ser conscientes de ello. Aquí, uno de los obstáculos es que muchas de las enseñanzas de la llamada «Nueva Era» o de la espiritualidad pop han hablado de la vibración de forma abstracta. Se nos ha dicho muchas veces que «elevemos nuestra vibración», pero ¿qué significa esto realmente? Se nos ha dado la sensación de que tenemos que llegar a algún sitio: trascender, elevarnos, salir de nosotros mismos, etcétera; cuando en realidad se requiere lo contrario: tenemos que volver a nosotros mismos. Necesitamos despojarnos de todas las capas y el equipaje que hemos colocado sobre nosotros: «Dale a la vida espacio para moverse de nuevo dentro de ti, porque no hay un estado al que llegar: está aquí. Es solo que tienes las anteojeras puestas, las anteojeras sociales: quítatelas y permite todo lo que eres». La resonancia vibratoria no es un «estado al que hay que llegar», sino un *ser* que está dentro de nosotros. Tenemos que estar en resonancia con el mundo que nos rodea, pero no imponiéndonos a él o forzando nuevas leyes sobre el mundo natural. La resonancia debe lograrse creando nuevas vías y conexiones de interrelación.

Cada uno de nosotros actúa como transmisor de resonancia. Cuando estamos en resonancia, esta ondula a través del campo de frecuencias vibratorias. El *Continuum* es una matriz vibratoria. Sin embargo, la resonancia no debe forzarse: «no se trata de forzar en absoluto, sino de que resuenes continuamente con aquello en lo que estás, y ello se abrirá paso en algún momento, erosionando esa contaminación». La resonancia es como la lluvia que cae sobre la piedra: con el tiempo y la exposición, irá remodelando su forma física. Al mismo tiempo, es importante que nuestra propia resonancia no sea contaminada por otros. Este es uno de los peligros de estar expuestos a la sobreestimulación tanto en el mundo online como en nuestros entornos sociales. Una persona debe estar enraizada –equilibrada y en resonancia– antes de intentar influir activamente en los demás. Y, de nuevo, esta es a menudo la debilidad de muchas personas que se erigen en «maestros» de los demás. Cada uno de nosotros necesita partir de un estado equilibrado de «resonancia en casa». Nuestras vidas modernas están llenas de prisa y precipitación. Nos han condicionado para que nos demos prisa y nos pongamos manos a la obra. Nos dicen que es bueno que la vida sea predecible y conocida, que sea familiar. Sin embargo, de esta manera también nos hemos desconectado cada vez más de una fuente de significado en nuestras vidas: «porque una mente dividida crea precisamente eso, un mundo dividido, y en él un cosmos dividido». Hemos llegado a creer en tantas cosas –en *esto* y en *aquello*– sin darnos cuenta de que todo el tiempo *somos eso*: «En esta comprensión de que somos eso, en este conocimiento profundo de que "oh sí, todo es lo mismo y yo también lo soy", dejáis de lado la personalidad». Hay muchos condicionamientos de los que hemos de desprendernos. Estamos continuamente en un proceso de devenir.

Debido a que nuestra programación actual es de resistencia a cualquier cosa que no sea física, nos cerramos a permitir la resonancia vibratoria. Nos hemos vuelto restrictivos con respecto a nuestro propio permiso, y con ello nos constreñimos: bloqueamos el flujo de la consciencia. Tenemos que salir de esta auto-restricción, descansar y reunirnos de nuevo. Hemos sido condicionados a cerrar la posibilidad de comunicarnos con el campo de la consciencia pura. El *Continuum* le suena a mucha gente como una cáscara hueca, algo que no podría estar más lejos de la verdad. El *Continuum* es una danza de conversación –de interacción, conexión, comunicación– una danza de vida. La mayoría de la gente ha perdido la capacidad de escuchar: «habéis sido condicionados de tal manera que excluís esto, porque no sirve para mantener el orden y la obediencia». Si realmente podemos acceder, tenemos el potencial de permitir que la consciencia pura se exprese en forma física. Esto es la fusión del espíritu y la materia; y no es solo para unos pocos sino para todos: «Esto no está disponible solo para unos pocos sino para todos y cada uno, si lo permiten. Abandonadlo todo y permitidlo». Este es el camino futuro para la humanidad: entrar en comunicación consciente con la consciencia pura del *Continuum*. Al aflojar nuestras restricciones vibratorias, estamos permitiendo que fluya a través de nosotros más energía-resonancia expandida. Algunas personas pueden sentirse angustiadas en este punto, sintiendo que van a perderse a sí mismas: a su ego o sentido del yo. Sin embargo, no vamos a perder lo que siempre somos: «al permitir la nueva vibración, esta se desprende de la contaminación que ha sido considerada vuestra firma vibratoria durante tanto tiempo». Solo perderemos nuestra contaminación, nuestra estratificación; nuestra esencia vibratoria se armonizará con la resonancia vibratoria de la consciencia pura. Para poder avanzar, primero tenemos que hacer una pausa, descansar y volver a reunirnos. Entonces podremos «avanzar de nuevo desde un lugar diferente».

Este momento de reunificación es necesario ya que la humanidad se ha desincronizado de su alineación vibratoria. La tecnología ha creado parte de esta disonancia, aunque no toda. Y a lo largo de los años, la humanidad ha recibido empujones para ayudar a su realineación. Pero ahora se necesita algo más fuerte: «no os habéis inclinado a sentir ese empujón: ahora, más que un empujón tiene que ser un golpe». Como especie, aún no estamos lo suficientemente unidos o conectados para sacar el máximo partido a la tecnología. Podemos verlo claramente en el comportamiento que observamos en Internet y en las redes sociales. Todavía estamos demasiado divididos para que nuestras tecnologías nos sean de gran utilidad. Como ya se ha dicho, esto es un peligro porque puede crear mucha disonancia y consecuencias disfuncionales. La humanidad necesita responder a esta situación, pero mediante la toma de consciencia y el reajuste vibratorio, y no alejándose más de la vida: «nunca se trata de deshacerse de la vida: de sentarse en la cima de una colina vacío de uno mismo, vacío del mundo, no». Lo que necesitamos es despojarnos de todo, deshacernos de nuestro falso yo construido socialmente. Tenemos que permitir que la esencia vibratoria expansiva fluya a través de nosotros: «Permitid que esta esencia vibratoria fluya a través de vuestro ser, dando a luz una nueva firma vibratoria: una no fragmentada, una unificada». La humanidad necesita quitarse las vendas y permitir que sus heridas sanen. Es hora de cambiar a una vibración de especie más armonizada; esto es crucial en este momento. Una humanidad más alineada y vibratoriamente resonante puede emerger de esto: «una consciencia y una alineación vibratoria al mismo tiempo». Y aquí es donde los seres humanos pueden tener un objetivo, tanto físicamente en sus vidas cotidianas como en alineación con la resonancia de la consciencia pura.

La vida humana también tiene que ver con la expansión de nuestro campo de consciencia, para permitir que la consciencia pura se manifieste a través del ser humano físico. El ser físico está encajonado biológicamente, pero esto no significa que debamos estar encerrados en nuestras limitaciones de consciencia. La humanidad ya ha explorado a lo largo y ancho; nos hemos adentrado en nuestros océanos, hemos atravesado la Tierra, y hemos subido a la atmósfera y a la órbita. Sin embargo, si no exploramos y llegamos primero a nosotros mismos, no habremos encontrado nada: «Solo podéis encontraros a vosotros mismos. Pero si venís de una mente escindida, estaréis encontrando todo lo demás menos a vosotros mismos». Es hora de abrir lo cerrado; de revelar lo no revelado. ¿Cómo podemos ir hacia lo «post humano» si aún no hemos llegado a lo plenamente humano? Al convertirnos más en nosotros mismos, se nos abrirán nuevos caminos, se obtendrá una nueva resonancia. Se revelará una nueva visión: «serán noticias nuevas para los ojos que aún no se han abierto, pero viejas para quienes han estado despiertos». El ser humano está a la vez en el ser y en el devenir, entre la quietud y el movimiento. Este es el flujo de la evolución y siempre ha sido así. La consciencia siempre ha fluido a través de la humanidad, pero se manifiesta en relación con los caminos que se han creado. Por eso es el momento de crear nuevos caminos, para que la consciencia pura pueda fluir más abundantemente. Ha llegado el momento de una recalibración: «Para armonizar lo que está disponible para vosotros en vuestro próximo paso evolutivo de creación de caminos vibratorios: no solo dentro sino también fuera». Al recalibrar nuestra resonancia humana también estamos recableando nuestros caminos internos, no solo dentro del cerebro sino también dentro del ADN: «El ADN está recibiendo este nuevo cambio, esta nueva alineación. Todo está en conversación: solo depende de qué conversación sea, y de lo que vosotros estéis dispuestos a permitir». Como dice Abe, todo depende de las conversaciones que permitamos; y a partir de ellas, nos recalibramos (o recableamos) en consecuencia.

Al recalibrarnos, al recablearnos, también estamos abandonando viejos patrones (modelos) y hábitos. A medida que las conexiones y los patrones se modifiquen internamente, eso también afectará a nuestras vidas externas. Para cambiar el exterior, primero debemos cambiar el interior: «abrirse para que se formen nuevos caminos que estén más en resonancia con vuestro ser y con aquello que está tratando de manifestarse en la forma». Las formas externas son atraídas energéticamente (vibratoriamente) para alinearse con las frecuencias resonantes internas. Por eso ahora es crucial la unidad interior en lugar de la fragmentación. No podemos esperar establecer una civilización externa armoniosa si su gente está dividida por dentro. Nuestro futuro humano siempre estará en relación con nuestro estado interior, con nuestro grado de unidad/armonía o fragmentación/disonancia. Durante mucho tiempo, el camino humano ha sido el de una restricción de la consciencia. Ahora es el momento de un cambio, de un reajuste; el momento de un pequeño empujón, por así decirlo. Abe se refiere a esto utilizando la analogía de un niño montando en bicicleta: «Tomemos, por ejemplo, a un niño montando en bicicleta: lo diriges y reajustas suavemente para que el niño pueda tomarlo o dejarlo. Depende completamente de él y así crea los caminos». La cuestión crítica ahora es si nos permitimos un empujón hacia caminos creativos de evolución o si nos dejamos llevar hacia un callejón sin salida. Podemos saber cuáles son los mejores caminos para nosotros sintiendo la resonancia alineada. No se trata de buscar secretos oscuros, como un Indiana Jones aventurero, sino de alinearnos con nuestra resonancia de origen: «de este modo te das cuenta de que nunca hubo un secreto que hallar: solo tenías que permitirte regresar a la resonancia en ti». Al permitir la resonancia, también estamos permitiendo los flujos –el ascenso y descenso de las olas– y sabiendo cuándo son los momentos para descansar y reponerse, y cuándo para actuar y dar un paso adelante. Si luchamos contra este flujo y reflujo, estamos creando una línea plana: «Si te quejas y luchas y tienes que mantenerte constantemente en una línea recta de resonancia, estás, a posteriori, aplanando la vida. Es un equilibrio constante entre los dos, y hay que saber cuándo reajustarse». Como un instrumento musical que no se haya tocado correctamente durante mucho tiempo, necesitamos volver a afinarlo. De lo contrario, no se nos permitirá volver a formar parte de la gran orquesta. Como nos recuerda Abe, la vida no consiste en elegir un bando, sino que la vida «es una onda de potencial vibratorio».

Como una onda de potencial vibratorio, también deberíamos reconocer que, como se ha mencionado, dichas ondas tienen momentos más altos y momentos más bajos (vibratoriamente hablando, y no en relación con la posición o el mérito). Y parece que en el momento actual, la humanidad está experimentando un periodo de resonancia vibratoria más baja: «no estáis sino en una hondonada. Es el momento de reajustar, realinear, y luego avanzar. Porque si no, continuaréis por este camino de resistencia y acción constantes». Este es nuestro momento de reajuste y recalibración. Es el momento de reajustarse y volver a la resonancia de origen de la humanidad. Abe se refiere a esto como *El Camino de Vuelta a Casa*. Se nos dice que, al luchar constantemente por medio de la acción, en realidad estamos aplanando la vida: «La estáis enderezando, y también se va hacia el otro extremo del descanso constante. Tiene que ser de resonancia: de movimiento, de descanso, de respiración». La energía está siempre ahí, disponible para nosotros, solo que ha de estar en resonancia con el «mecanismo u organismo que está recibiendo esas vibraciones». Y ahora mismo, el organismo humano requiere cierta recalibración para que pueda surgir a través de nosotros una energía, una consciencia y un conocimiento más expandidos. Se puede decir que la humanidad necesita ahora mismo este «empujón» para que podamos alinearnos con las frecuencias vibratorias necesarias. Una vez realizado este reajuste, se puede combinar con mayores flujos de consciencia; se puede establecer una conexión con la «consciencia cósmica». Sin embargo, estas conexiones tienen que ser de resonancia: «Las conexiones no pueden y no se harán hasta que vuestros propios caminos individuales hayan sido reajustados, reiniciados y reunidos». Las comunicaciones de Abe que están apareciendo en este momento forman parte de este «empujón». Y la humanidad también es parte de ese empujón.

Durante mucho tiempo, la humanidad se ha sentido intuitivamente aislada de su gran herencia cósmica. Y ahora sabemos por qué. Hemos tenido que darnos cuenta, o ser conscientes, de esta situación, de este punto de inflexión: «En algún momento tenéis que parar, reuniros y descansar, reajustaros y realinearos con esta onda, esta vibración». Hasta ahora hemos sido como el cantante solitario de un coro que ha estado fuera de sintonía con el resto; ya sea cantando demasiado rápido y corriendo hacia adelante o cantando demasiado lento y siendo dejado atrás. Al fin y al cabo, la resonancia vibratoria es una danza, pero debe ser una danza mutua, y debe estar formada por individuos participantes. Sin embargo, primero tenemos que despojarnos «de lo básico de las cosas» porque ha habido demasiada contaminación. Una nueva señal debe surgir del ruido. No vendrá inmediatamente de toda la especie humana, pero es necesario que comience un reequilibrio, y ya ha empezado: «será así y cada vez habrá más. Como el ciclo del que hablamos, estáis entrando en una hondonada mientras que la vieja resonancia orientada a la acción es excesiva: está dando vueltas de nuevo para reequilibrarse». O bien nos cansamos de las viejas formas, de los viejos patrones, o nos veremos obligados a dejarlos atrás. De cualquier manera, hay poco futuro para la humanidad si permanecemos dentro de los viejos patrones vibratorios, porque ahora son de estancamiento. Estamos en el periodo de replanteamiento de nuestras elecciones. Esta es la etapa de reajuste; y habrá cierta incomodidad: «Será incomodidad, porque todo reajuste es incómodo. Porque si has estado sentado en una posición determinada durante un tiempo, cuando te mueves a otra posición es incómodo ¿no es así?». Y el grado de incomodidad dependerá de lo apegados que estemos a nuestros viejos patrones y paradigmas, o de lo dispuestos que estemos a cambiar a un nuevo patrón-resonancia. La próxima década será especialmente crítica para decidir los caminos futuros de la humanidad. Y aunque siempre es difícil predecir las líneas de tiempo, dependerá de nuestro comportamiento: como individuos, en grupos y colectivamente. Este será nuestro momento de tira y afloja: «será un tira y afloja entre lo que es y lo que quiere llegar a ser. E incluso puede que este tiempo se acorte, siempre que la gente pueda recalibrarse».

Según Abe, la información que se ha comunicado aquí es «de importancia ahora» (algo con lo que estoy de acuerdo). Como especie, estamos en tiempos tremendos. Y estamos viendo la fragmentación y la escisión a nuestro alrededor, no solo a nivel local, sino en todo el mundo. Necesitamos una unificación de la especie que respete nuestras diversidades individuales y culturales: «Las personas son la conexión clave, la fuente, y la unificación es lo que sois realmente». Salimos a la expresión de la vida y volvemos a la Fuente. Este es el ciclo de la vida. Y cuando podamos entender esto, entonces, como dice Abe: «probablemente podáis aflojar un poco y permitir que todo lo que sois fluya a través vuestro, sin restricciones por lo que hayáis sido condicionados a pensar, a ser». Siento que es apropiado dejar la última palabra a Abe, a la consciencia pura del *Continuum* del que todos somos parte. Somos parte de esta gran maravilla y no estamos separados de ella. Es hora de volver a casa con nosotros mismos, de encontrar *El Camino de Vuelta a Casa*:

Ha llegado el momento de que comprendáis vuestra existencia extraordinaria y, al mismo tiempo, vuestra existencia muy ordinaria: esta es la verdadera unificación del ser. Y veréis que empezáis a respirar de nuevo, que empezáis a vivir de nuevo y que empezáis a amar de nuevo. Qué viaje. Veis, con ello os dais cuenta de que habéis completado el círculo: pero esta vez estáis despiertos, estáis vivos. Con mucho Amor y Luz - ABE.

Beautiful Traitor Books se fundó en el año 2012 como una editorial independiente de impresión a demanda para proporcionar al lector exigente libros poco comunes e inspiradores.

Nuestros libros son obras que profundizan en varios ámbitos, ya sea libros para niños, ciencia ficción, asuntos sociales, filosofía, textos teatrales, o poesía. Disponemos de libros traducidos al español, francés, portugués, italiano y húngaro. Todos los libros que publicamos buscan explorar ideas creativas e innovadoras. Muchos de ellos también cuentan una buena historia; son historias que presentan diferentes perspectivas sobre la vida y la condición humana.

Beautiful Traitor Books no solo trata de ofrecer al lector entretenimiento. También intentamos brindar algo que es como un alimento; algo de valor que los lectores pueden extraer del libro. Los libros buenos funcionan en más de un nivel. Dicho simplemente, preferimos libros que tengan la capacidad de cambiar al lector.

Ven y únete a la conversación. Encuentra más en: www.beautifultraitorbooks.com

    LIBROS DIGNOS…
        PARA MENTES INQUISITIVAS…

www.ingramcontent.com/pod-product-compliance
Lightning Source LLC
Chambersburg PA
CBHW021154080526
44588CB00008B/334